Rolf Friedrich Schuett

Werden Berge in Täler geworfen, entstehen Ebenen

Nur neues Trauma befreit vom vorigen

FSC
www.fsc.org
MIX
Papier aus ver-
antwortungsvollen
Quellen
Paper from
responsible sources
FSC® C105338

ROLF FRIEDRICH SCHUETT

Werden Berge in Täler geworfen, entstehen Ebenen

Nur neues Trauma befreit vom vorigen

Books on Demand

Bibliographische Information Der Deutschen Bibliothek:
Die Deutsche Bibliothek verzeichnet diese Publikation in
der Deutschen Nationalbibliographie; detaillierte bibliographische Daten sind im Internet abrufbar über
http://dnb.ddb.de

2. erweiterte Auflage

Herstellung und Verlag :

BoD – Books on Demand, Norderstedt

Gedruckt auf alterungsbeständigem Papier
(holz- und säurefrei)

Umschlaggestaltung : E. L. Schmidt

Printed in Germany

ISBN 978-3-7494-9956-4

INHALT

für Elke, Rita und Maike

Weltklima oder Betriebsklima? *(Vorsicht: Satire)*

Mit dem "globalem Klimaschutz" werde ich mich erst befassen, sobald der soziale Besitzstandsschutz global aufgehoben ist − also niemals. Und viel bedrohter als die grüne Natur ist die menschliche Natur ihrer industriellen Bearbeiter. Das wird meist verschwiegen.

Drohende Erdversteppung, tobende Stürme, kalbende Gletscher, und wir ersaufen im Meer wie *Atlantis*?

Das Weltall ist die Umwelt unserer Umwelt und der Ökologismus die Ideologie unseres Zeitgeistes. Erdmutter *Gaia* hat das Patriarchat besiegt, das es hier allerdings niemals gab, und das grüne Betriebsklima floriert produktions- und profitsteigernd.

Klima(vor)schützer haben sich mit den Umwelt(vor)schützern nun zusammengetan, um durch ökologische Probleme abzulenken von ökonomischen Problemen und die viel ältere und dringlichere *soziale Frage* wie gewohnt dahinter zu verstecken. Seit vier Jahrzehnten ist nun von Klimahandel und -wandel zu lesen und aus allen Lautsprechern zu hören. Man kann es nicht mehr hören, weil man es zu oft gehört hat. Vielleicht war Abstumpfung sogar der Sinn und Zweck dieser Dauerindoktrinationen.

Weniger als nichts ist seither gemacht,
doch mehr als alles ist dazu gesacht …

Die hysterisch-historische „Menschheitsaufgabe" und
"Menschheitsherausforderung" (Kanzlerin) ist längst
unter den Teppich zerredet und taugt nur zu parteitak-
tischen Feiertagsfloskeln. Sogenannte allumfassende
„Menschheitsprobleme" wurden noch niemals gelöst,
klingen aber immer propagandistisch herzerwärmend.
Seid umschlungen, Millionen (oder gleich Milliar-
den), und diesen Bruderkuss der ganzen Umwelt?

"Ökologischer Umbau der Gesellschaft" heißt die
eingehämmerte Parole. Aber mit welchen Leuten man
da plötzlich im selben Weltklimarettungsboot ein-
trächtig zusammensitzen soll, Leuten, mit denen man
gewöhnlich im todernsten Klassenkampf liegt − oder
besser liegen sollte! Kosmopolitische Ökokosmetik ist
seit langem "angesagt".

"Erneuerbare Energien" statt "fossile Brennstoffe":
Ein bisschen teures "E-Mobil", das zur Produktion
enorm viele Energien und Rohstoffe frisst, ein bisschen "Windrad", das niemand hinter seinem Häuschen
donnern hören will, ein bisschen neue „Starkstrom-
trasse", die niemand über seinem Kopf oder unter
seinen Füßen haben will, ein bisschen mehr Sonnen-
schein ("Solarenergie") in einem traditionell verreg-
neten Land unter grauem Himmel. Nationaler Allein-
gang gefährdet nur die Wettbewerbsfähigkeit : Die
ganze Welt muss da mitmachen, doch die hustet uns
Moralaposteln was.

Das Für und Wider wird gekonnt propagandistisch
eingeheizt oder von Expertokratien über die Köpfe der

Mehrheit hinweg angeordnet. Keine Kohle in die Luft mehr, aber auch keine Kohle in die Hand mehr. Die Atemluft ist dann am Ende reichlich rein, aber die Armen sind immer noch arm und leben von sau-berer Luft und Liebe. – „Klimafreundliche Umweltpolitik" heißt da, die nächsten profitträchtigen digitalelektro-nisch brandneuen KI-Supertechnologien schmackhaft zu machen und einzuführen – dieselbe „ökonomische Scheiße" in Grün.

Klimafreundliche Konsumaskese allerdings, die *nachhaltig* wirklich etwas bringen würde, ist nicht einmal in Diktaturen durchsetzbar, die eine Massenzustim-mung zu Überwachungsstaaten und Menschenrechts-verzichten sich ja erkaufen müssen mit Garantien von steigendem Massenwohlstand, wenn kein Massenauf-stand riskiert werden soll. Seit das christliche Europa tot ist, sind Genügsamkeit und Askese doch eher noch Perversionen als Tugenden.

Vor vier Jahrzehnten schon war der Polit-Slogan zu hören und zu lesen : „Friede, Frauen, Forst und Vater-landwirtschaft!". – „Alternative" Unisex-"Ökopaxe" beherrschten die Medien. Aber es war alles fauler Zauber zur Massenmobilisierung durch professionelle Strippenzieher im Hintergrund, schon damals intrans-parent bis zur Finsternis.

Die berühmten Katastrophenprognosen des „Umwelt-reports 2000" und des „Club of Rome" trafen bis heu-te auch nicht annähernd ein und waren Makulatur von Anfang an – und das nicht etwa deshalb, weil gegen "sauren Regen" und "Ozonlöcher" seither so viel unternommen worden wäre. − Nur die Reichen wurden immer reicher, nur die Armen blieben arm wie immer.

Entweder wird nun der ikonenhafte Allzweckretter „E-Mobil" (neben "SUV") zum raren Luxusartikel der Begüteteren oder das Volks-E-Mobil für jeden Erdhaushalt sprengt jedes internationale "Weltklimaziel" von vornherein. Aus dieser Zwickmühle gibt es gar keinen pragmatischen Ausweg. − Das „Elektromobil" (neben „SUV") für Herrn und Frau Jedermann würde durch fälligen Straßenausbau die zur Welternährung nötigen Bio-Ackerflächen mehr als nur bedrohen.

Mit Bus und Bahn wird doch auf Dauer niemand sich hier fortbewegen wollen, und die luftverpestenden Flugreisen werden umso häufiger, je mehr von Klimaschutz die heuchlerische Rede ist : Die private Ökobilanz, der "grüne Fußabdruck" des durchschnittlichen Hochindustrienutznießers von heute, bleibt stur und unheilvoll klimakatastrophal.

Der übliche Panik-Alarmismus, der immer schon viel mehr weiß als die seriösere Wissenschaft, verhindert eher, was er erreichen zu wollen vorgibt. „Ich kenne keine Parteien mehr, nur noch arme Umweltopfer", würde *Kaiser Wilhelm* heute dem gemeinen Volk vom Balkon zurufen (um ins Exil zu gehen mit Eisenbahnladungen voll Luxusgütern). Und Kinderkreuzzüge für den Klimawandel sind längst realpolitisch instrumentalisiert von diversen Rattenfängern.

Ohne hohen CO2-Gehalt der Luft ist vernünftiges Leben in angenehm warmen Erdregionen vielleicht sogar unmöglich, und wie weit der „Klimawandel" überhaupt „anthropogen" menschgemacht ist, scheint noch gar nicht entschieden, solange Erklärungsalternativen bisher nicht mit hinreichender Wahrscheinlichkeit wissenschaftlich auszuschließen sind.

Die Reichen wollen auf PKW, Biofleisch und Flieger nicht verzichten, und die Armen weltweit wollen das alles schnellstens doch auch kriegen. Bisher blieben Klimabelastung und Rohstoffraubbau durch die Industriewelt allein deshalb noch gerade erträglich, weil nur der kleinere und entwickeltere Teil der Erde jedem seiner Bürgerhaushalte Flugreisen, Bio-Fleischalltag, eigene PKW und viele andere Klimakiller garantieren konnte.

Erst dann, wenn jeder Erdbewohner den durchschnittlichen Lebensstandard der entwickelten Industrienationen erreicht, und das und nur das ist das erklärte (und demokratisch legitime) Mehrheitsziel, macht die Natur schlapp und die Menschheit kann sich im astronomischen All neue Exo-Planeten suchen für ihre SF-kindisch galaktischen Kolonisationsfeldzüge.

Nur hausgemachte Naturkatastrophen in Folge? Doch niemand sollte von menschgemachtem Klimawandel und einer anthropogen energiesparenden Erderhitzung sprechen dürfen, der nicht vom Industrialismus selber sprechen will. Sind Risikofolgen der Hochindustrialisierung nur durch noch mehr Hightech zu bekämpfen?

Der Speer soll die Wunde heilen, die er schlug,
wie der Dichter sagt?

Das naturwissenschaftlich inspirierte Industriezeitalter
möge eine historische Episode bleiben, hinter die es
nicht zurückzufallen gilt, doch welche geistig möglichst bald überwunden werden sollte, um nicht zu
viel von ihr zu erwarten. Die geöffnete Büchse der
Pandora verkauft sich allzu gut als magisch uner-
schöpfliches globales Füllhorn, doch von dem, was
die Industriewelt der grünen Natur antut, sollte keiner
sprechen dürfen, der nicht von dem sprechen will, was
sie der menschlichen Natur ihrer Naturbearbeiter antut, tagtäglich and in the long run. Die uns längst zur
"zweiten Natur" gewordene naturwissenschaftlich-
technische Naturbeherrschung trifft jeden unheilbar
verheerender als alles, was die Natur selbst uns per
Katastrophen antun kann.

Das haben wir bis heute erst halb verstanden. Digitali-
sierte Öko-Industrie 7.0 ist selbst nur ein integraler
Teil des Problems, das sie "klimaneutral" lösen zu
können verspricht.

Mit Wetter und Klima werden wir schon fertig, doch
der Schaden, den die Demokratie durch grassierende
Umweltbewegungen, Klima-Ideologen und Ökopsy-
chosen nimmt, wird nun langsam irre-parabel. Damit
werden wir noch länger leben müssen als mit den
Klimaschwankungen vor der nächsten Eiszeit, vor
nächstem Kalten Krieg, coolen Kids und frigiden

Frauen. Ist das Betriebsklima in den Industriefabriken
besser als das Jahresklima des Landes?

Demagogen setzen mir die Pistole auf die Brust:
"Entweder Öko-Diktatur oder Klimakatastrophe!"

Weltklima oder Betriebsklima, das ist heuer die Frage.
Die sozial-ökonomische Demokratenfrage wird immer
dringlicher, die global-ökologische Demagogenfrage
nur aufdringlicher.

Vor dieser einen großen grünen "Menschheitsfrage"
verschwinden die kleinen Unterschiede zwischen der
upper and lower class, Macht und Ohnmacht, Kapital
und Arbeit erst einmal wieder zu nur querulantischen
Nebenschauplätzen?

Alle reden vom Klima. Ich nicht.
Ich rede vom Klimagerede.

Proletarischer Monotheismus
mit Idyllen und Satiren

Die Aphoristik gedieh in der europäischen Moralistik,
im Spannungsfeld zwischen philosophischem Paradox,
literarischem Witz und religiöser Spruchweisheit.

Der römische Stoiker *Seneca* begründete
das aphoristische Stilideal des Denkens.

Francis Bacons Forschungsaphorismen waren
gegen die scholastische Summensystematik pointiert.

Gracian und *Pascal* suchten ihr fragmentiertes Denken
zwischen Gott und der Welt klug hindurchzusteuern.

Adorno befreite im 20. Jahrhundert die frühromantischen
Fragmente von *Schlegel* und *Novalis* wieder aus *Hegels*
systematisierter Dialektik (und *Platons* Dialogen).

Nietzsches ideologiekritische Philosophorismen wurden
dann Höhepunkte aphoristisch-moralistischen Denkens.

Bei Adorno und Nietzsche interpretiert subjektiver Esprit
idealistischen Geist, materialistisch wie psychologisch.

Wittgensteins atomistische Protokollsätze knüpften an
beim Aphorismus von Karl Kraus und verknüpften
physikalische Logik mit lyrisch-musikalischer Mystik.

Intellektuelles Leben fußt auf dem *Monotheismus*
mit rätselhaftem Unendlichen-im-Endlichen.

In diesem Raum entfalten sich die drei Bereiche
Proletarismus, Idyllen und Satiren :

Idyllen verzweigen sich in *Logik* (Carnap, Menne,
Quine) und *Naturbukolik* (H. Conrad-Martius, Hegels
Naturphilosophie, Geßner, Herm. Lenz, Stifter u. a.),
also in Naturidyllen und logischen Kulturidyllen.

Satiren verzweigen sich in
    1.) Literatur (Belletristik, Lyrik) :
Jean Paul, Proust, Musil, A. Schmidt, Walser…)
    2.) moralistisches Philosophieren
(Fr. Bacon, Pascal, Fr. Schlegel / Hegel,
Nietzsche, Wittgenstein, Adorno …)
    3.) Psychoanalysen von Philosophien

Proletaristische Theorie :
Keine Revolution ohne Religion

Open end …

Aufrechter Waschgang

Waschtag mit ungewaschenem Maul

Sau-ber wird das Dreckschwein,
Schmutz wird doch nicht weg sein?

Waschlapp'n mit Waschfrau'n,
die auf ihren Dreck schau'n.
Ihre Wäsche wäscht allein,
so wird alles selber rein
und hat sich gewaschen
wie all meine Maschen
in leeren Hosentaschen.

Die Waschfrau gibt mir einen Korb,
sie gibt mir ihren Waschkorb
und nicht nur ihren Brustkorb.
Hasch dir nur das Waschweib,
mit seinem raschen Rush-Leib!

Wäsche waschen,
Bettzeug zeugen:
Erst wasch dich,
dann hasch mich!

Gehirnwäsche? Sauber!
Gehörwäsche? Zauber!

Waschecht aus der Wäsche gucken
und nicht mit der Wimper zucken:
In Mitschuld wascht die Hände,
die Vor-, die Ein-, die -wände!

Es kommt die Wäsche
in die Wäsche:
Wasch sie rasch
und nicht so lasch!

Schmutzige Hirnwäsche,
putzige Herzwäsche:
Ich bin klein,
mein Herz ist rein,
kommt nur Schwein rein.

Beim Betrachten von „After the Bath" (1875)
Gemälde von *William Adolphe Bouguereau*

Durch dick und dünn oder :
Die hat sich gewaschen …

Vorm Bild von Willi *Bouguereau*
brennt hell und lichterloh
nur, wer Eva rank und schlank
und lang wie eine Bohnenstang
mag, nicht lieber kurz und dick
sich erträumt sein Liebesglück.

Der macht den netten Rummel
nur um die fetten Pummel
und nicht um solche Hippe
mit krankem Dürrgerippe,
und sei die noch so sau-ber
in ihrem nackten Zauber.

Gemach, gemach,
ich trag mein Ungemach
ja schon in dein Gemach.

Zwerg Nase im Aufstand

Steht der Zwerg auf
gegen den Riesen,
dass er sein Werk tauf'
auf nassen Wiesen,
wird er selbst ein Riese
für seine liebste Liese.

Wenn er nach Liese giert,
die er in den Armen wiegt,
auf feuchten Wies'n erigiert,
hat seine Rossnatur gesiegt.

Der allerkleinste Riese
fühlt sich alt und miese?
Wird auf dem Venusberg
ein allerhöchster Zwerg.

Zurück vom Riesen zum Zwerg
ist ihrer beider liebstes Werk :
Rums vom Berg zum Tal,
ach, welch süße Qual!

Ach, und wie ?
Na, hatschiiii !

Lass den Furz : Fass dich, doch kurz!

„Es gibt Schriftsteller, die schon in zwanzig Seiten ausdrücken können, wozu ich manchmal sogar zwei Zeilen brauche." *(Karl Kraus)*

"Ein lakonisches Volk sind wir nicht." (Joh. Gross)

Man beklagt zu Recht die nicht zu bewältigende Flut der Neuveröffentlichungen, die rasch steigende Selbstrevolutionierungsrate der Wissensbestände. Wir haben nicht nur taubstumme Zuschauer und die Einbahnstraße der TV-Kanäle, sondern auch dicke Bücher und einsilbige Leser. Es war einmal eine Zeit, lang ist es her, die liebte lange Reden und kurze Schriften. Dass die Bücher immer dicker werden, hat nicht nur verlagstechnische Gründe. „Die geistige Situation der Zeit" bezeichnete Habermas 60 Jahre nach Jaspers als „neue Unübersichtlichkeit". Die „automatische Textverarbeitungsmaschine namens Habermas" *(W. Pohrt)* ist das beste Beispiel für die von ihm monierte Misere. Seine Werke sind geschwollen durch die Lesemassen der von ihm „kritisch angeeigneten" Autoren.

Was bei Naturwissenschaftlern noch einen sachlichen Grund in der rasanten Zuwachsrate ihres Erkenntnisstandes hat, wird bei den Geisteswissenschaftlern zur puren Unfähigkeit, zur Sache zu kommen und bei der Sache zu bleiben. Die rechte Alternative zum komprimierten Schlagwort ist nicht das uferlose Auswalzen. Die „schlechte Unendlichkeit" *(Hegel)* moderner Diskussionen, die überbordende Logorrhoe, zu der jeder etwas beisteuern will, wenn er sie nicht hochmütig boykottiert, ist mit der Idee eines kontinuierlichen wissenschaftlichen Fortschritts nur schwer vereinbar. Wer seine unmaßgebliche Meinung wenigstens einmal sagen durfte, findet sich leichter damit ab, dass er sie im Schlusskommuniqué nie berücksichtigt findet.

Wer eine in umfangreichen Abhandlungen niedergelegte wissenschaftliche Theorie kritisiert, wird nicht jeden einzelnen Satz auskritisieren, sondern macht sich von den besprechungswürdigen „Ausführungen" erst einmal eine handliche Kurzfassung zurecht. Er „beschränkt sich auf das Wesentliche" und kommt auf die wenigen springenden Punkte zu sprechen. Man fragt sich natürlich, warum der zu kritisierende Autor sich nicht schon selbst auf diese bequemer diskutierbare Kondensversion beschränkt hat.

Jeder fühlt sich „verkürzt" dargestellt und stellt doch jeden anderen selber verkürzt dar. Er breitet sich genüsslich auf vielen Seiten aus und ist so frei, vom Widersacher nur eine leichter kritisierbare karikaturistische Schrumpfversion gelten zu lassen. Bei der Referierung gegnerischer Positionen fällt jedem die Kürze leicht, die ihm bei der Darstellung der eigenen unzumutbar dünkt. Der Verdacht muss erlaubt sein, hier handle es sich eher um Eitelkeit als um Sachlichkeit. Das Überflüssige wird nicht gekürzt, damit es der Gegner leichter hat, sondern das sachlich Gebotene eher aufgebläht, damit es nach mehr aussieht.

Das Viele im Einen zu sehen, ist Sache der Sinne, und *das Eine im Vielen* zu sehen, ist Sache des Begriffs. Etwas auf einen Begriff bringen heißt nicht nur, verschiedene Dinge, sondern sogar gegensätzliche Standpunkte zusammenzufassen. Dieser Begriff darf die Kontroversen, die er umfasst, nicht noch erst vor sich haben, sondern muss sie schon hinter sich haben, wenn er denn etwas begreifen und nicht nur versprechen soll. Ganz gewitzte Begriffe greifen den Kontroversen schon vor, die sie erst resümieren sollen. Je weiter die fraglichen Positionen auseinander liegen, desto witziger und gewitzter das Urteil, welches ganze Diskussionen enthält und nicht abschneidet.

Sich von Streitgesprächen einen Begriff machen heißt, die Übereinstimmungen wie die Differenzen zu protokollieren. Gesucht ist da nicht die Parole, die Widersprüche einfach unterschlägt, sondern der schlagende Begriff, der sie übersichtlich ausdrückt. Der „lapidare" Stil der Alten hatte sein Maß an den Stein-Inschriften.

Wer das, was er sagen will, in einen Gedenkstein einmeißeln (lassen) muss, fasst sich notgedrungen kürzer als einer, der beliebig viel geduldiges Papier vor sich hat. Wer keine Erwiderung will, der findet kein Ende. Nicht schwammiges Zerreden, sondern handliche Engführung der Gedanken beweist Höflichkeit gegen den Leser. Wo kommt aus Disputen etwas heraus, das in neue Dispute eingehen kann, und was dicken Romanen recht ist, sollte anderen Büchern nicht billig sein.

Lakonische Prägnanz der Darstellung will Diskussionen niemals abwürgen und einsparen, sondern gerade freigeben und ermöglichen. Die Alten noch wussten das. Ein Diskurs, der nicht vergeblich gewesen sein soll, lässt sich ohne Substanzverlust nur durch Prägnanz für Anschlussdiskussionen retten. Wie werden ganze Gedankengebäude zu Bausteinen neuer Gebäude gemacht? Wenn Informationstheorien einen praktischen Sinn haben sollen, der auch theoretischen Ansprüchen genügt, dann muss die Quintessenz ganzer

Wissenschaftsdispute unter Marginalisierung ganzer Etappen sich ohne Sinnentstellung miniaturisieren lassen.

Geist ist Gespenst oder denk-ökonomische Verdichtung ergebnisträchtiger Palaver zu weiterführenden Formeln. Das Verdichtete wird dadurch noch nicht zum Gedicht. Alle müssen zu Wort kommen, ihre Beiträge gehen als Momente in der Selbstentwicklung der verhandelten Sache nicht unter. Gerade das vielgeschmähte *romantische Fragment* wäre zu rehabilitieren, nicht als verwässernde Popularisierung, sondern als Problembewusstsein und prägnantes Konzentrat des potentiell unendlich fragmentierten Wissens.

Geistesgeschichte ist Abbreviatur endloser Diskurse. Von daher entpuppt französischer Esprit sich einfach als praktikablerer Aggregatzustand verfügbaren Wissens. Er ermöglicht die paradigmatischen Kurswechsel der theoretischen Neugierde, wenn „immer mehr vom Gleichen" *(Paul Watzlawick)* immer mehr vom immer gleichen Unsinn wäre. − Ein Essentialismus kundiger Destillate tut not.

Wenn jeder mitreden dürfen soll, wird es umso wichtiger, vielsagend wenig zu reden. Das demokratische Ritual leidet heute daran, dass nicht alle zu Wort kommen, weil einige das Wort nicht wieder abgeben können, und wo jeder Zeit hat zu reden, hat niemand mehr Zeit zuzuhören. Der breite Brei der rücksichtslos seelenruhigen „Ausführungen" erstickt uns. Langweilige Wortmeldungen der Experten und der Laien ufern aus und laufen aus dem Ruder.

Und enzyklopädische Pedanterie ist kein Monopol von Gelehrten.

Die Besten von uns können ganze Schachpartien ohne Partner im Kopf imaginieren. Wir anderen spielen die Partien, die Genies gegen sich selbst spielen, mit Partnern nach. Hegel hat die breiten Dialoge Platons zu schlagfertiger Dialektik verschärft. Nur Quintessenzen lassen sich angreifen, deshalb zieht niemand sie gern aus seinen eigenen Wälzern und Tiraden.

Kritik, die sich gegen Kritik immunisieren will, macht aus dem Gegner keinen leichter prügelbaren Popanz, aber dampft seine Ausführungen auf ihre Aporetik ein. Die prägnant entfaltete innere Antithetik jeder These wird zur neuen These. Die „Quintessenz" einer Sache ist ein feinster Stoffauszug. Sie ist das Wesen der Sache in der Nussschale einer zugespitzten Formulierung. Je angreifbar konziser die kontroversen Positionen formuliert sind, desto unangreifbarer geraten ihre überprüfbaren Resultate.

Prägnanz, gedrängte Darstellung eines bedeutsamen Gehalts, kommt vom lateinischen „praegnans" – schwanger, bedeutungsträchtig. Verwandt damit ist das lateinische „nasci" (geboren werden) und das indogermanische *gen- (gebären). Novalis nannte seine Fragmente „litterarische Sämereyen", die noch aufgehen sollen. An ihren Früchten, die Keime ausstreuen, sollt ihr sie erkennen.

Warum soll der Leser sich die Zeit nehmen, die sich der Autor gespart hat? Der Verfasser muss die Zeit haben, sich kurz zu fassen. Wir haben immer weniger Zeit, weil wir immer breitere Darstellungen bevorzugen, die immer mehr Zeit kosten. Wer sich Zeit nimmt, spart Zeit, und wer keine Zeit hat, verliert viel Zeit damit. Ich habe nichts gegen dicke Bücher, ziehe aber hundert Ideen auf einer Seite einer Idee auf hun-

dert Seiten vor, auch wenn ich die Gedanken dort gar
nicht lese, sondern nur selber auf sie gebracht werde.

Der Aristokrat hat Zeit und fasst sich kurz, weil sein
Leser keine hat. Der Autor, der keine Zeit zur Prägnanz hat, findet auch niemanden, der Zeit genug hat,
seine Wälzer zu lesen. Kurz : Wer viel denkt, der sagt
und schreibt wenig, aber dieser Satz lässt sich leider
nicht einfach umkehren, ohne zu verlieren. Wer viele
Worte macht und verliert, will oft nur nicht nachden-
ken müssen.

+ + +

z.B. Schmetterlinge. Was grausiger Überlebens-
kampf ist, erscheint von uns aus *schön*.

Bürgerliche Ehe : Sartre geht dauernd fremd,
Beauvoir verzeiht und kontrolliert alles.

In *Muckibuden* werden Hirnmuskeln wegtrainiert.

Stimmvieh ohne Sitz und Stimme
Stimmenimitator?

Am Anfang war die Unbestimmtheit, ob etwas dieses oder nicht dieses oder gar jenes ist. Diese Unbestimmtheit wird erlebt in Stimmungen und ist eine unbestimmte Bestimmbarkeit. Die Bestimmung des bestimmbaren Unbestimmten wird zur Abstimmung zwischen selbstbestimmten Menschen vorgelegt in einem Urteil : Ein absolut oder relativ unbestimmtes Etwas, das als Satzsubjekt auftritt, wird verdeutlichend bestimmt durch und als ein Prädikat. Diese Verdeutlichung hebt eine Mehrdeutigkeit in größere Eindeutigkeit und zielt von Andeutungen auf bestimmtere Bedeutungen des Urteils, welches etwas zu etwas anderem verurteilt. Die Aussage stimmt, wenn sie übereinstimmt mit dem, wozu uns Stimmungen bestimmt haben. Entweder werde ich bestimmt oder habe zu bestimmen. Ich bin theoretisch bestimmt als T oder praktisch bestimmt zu P. Wenn ich mich selbst bestimme, bestimme ich mich *als* T und *zu* B, bestimme mich also selbst dazu, ich zu sein. In der „Negativen Anthropologie" ist der Mensch dazu bestimmt, zu nichts Bestimmtem bestimmt zu sein, sondern sich selbst bestimmen zu können, unter der vorgefundenen Bedingung, dazu auch gestimmt zu sein.

Bevor ich mich als jemand und zu jemand bestimmen kann, muss ich dazu gestimmt sein und nicht zu verstimmt. Und jede Übereinstimmung mit Sachverhalten oder Menschen setzt Einstimmungen voraus, die dann zu Abstimmungen führen können, sobald ein Thema angestimmt ist. Erfahrung ist Zustimmung zu einer

Gestimmtheit, die uns umstimmt. Falschheit nun ist Unstimmigkeit, Wahrheit ist Einstimmigkeit der erhobenen Stimme und der erzeugten Stimmung. Jedes Unbestimmte wird primär in einer Stimmung bestimmt, die uns mit ihm bekannt macht. Etwas erfahren heißt, sich umstimmen zu lassen, also dem zuzustimmen, das uns dazu bestimmt, etwas *als* etwas anderes zu bestimmen als bisher. − Sich überstimmen zu lassen von anderen Stimmen. heißt noch nicht, mit etwas Bestimmtem übereinzustimmen, aber jeder darf seine Stimme erheben und abgeben und damit sein Veto einlegen, denn jeder hat eine Stimme, eine natürliche und eine politische. Das ist das philosophische Sprachspiel der „Stimme" und des „Stimmens", das einen Einfluss meint, der nicht mechanisch von einem Festkörper zu einem anderen durch Druck und Stoß übermittelt wird, sondern nur atmosphärisch.

Traditionell gilt Wahrheit als Übereinstimmung des Subjekts mit seinem Objekt. Übereinstimmung aber setzt voraus, dass sowohl Subjekt als auch Objekt in dem bestimmt werden können, was sie sind, weil sie in sich schon bestimmt sind. Wie aber sollen unbestimmte Größen, wie sollen eine bestimmte und eine unbestimmte Größe übereinstimmen können?

Entweder bin ich es, der bestimmt, was das Objekt ist, oder das Objekt ist durch sich selbst bestimmt und ich stimme dann seiner Bestimmtheit nur zu. Dann wäre Wahrheit die Zustimmung zu einer Bestimmtheit.

Entweder bestimme ich etwas dazu, mich zu bestimmen, oder etwas bestimmt mich dazu, es zu bestimmen. Wenn weder das Subjekt sein Objekt bestimmt noch von ihm bestimmt wird, sondern wenn zwei Subjekte sich treffen, die einander nicht zu Objekten bestimmen, dann können sie sich abstimmen oder einander bzw. einem Dritten zustimmen. Wer etwas zu bestimmen hat, ist ein Machthaber oder ein Forscher, und Adorno hielt deshalb gelegentlich den Wissenschaftler für einen Diktator über seine Objekte.

Es ist *unbestimmt,* ob die Sachverhalte A oder B oder C oder ganz andere vorliegen, und es ist *bestimmt,* dass A und B und C vorliegen oder nicht. Bestimmte Größen lassen sich abzählen, unbestimmte enthalten Unzähliges. Man nehme eine Menge aus fünf Elementen. Ein Ganzes nun ist nicht deshalb mehr als die Summe seiner Teile, weil es mehr als fünf Elemente enthielte, sondern solange unbestimmt ist, wie viele Elemente es umfassen kann. – Die meisten Begriffe haben einen unbestimmten Umfang : Im Begriff ist nicht inbegriffen, wie viele Objekte ihm entsprechen und welche ihm genügen können.

Etwas ist bestimmt *als* etwas oder *zu* etwas. Wer *zu* etwas bestimmt ist, der ist noch nicht *als* dieses bestimmt, und wer *als* etwas bestimmt ist, kann *dazu* bestimmt gewesen sein oder nicht. Wenn A dazu bestimmt ist, als B bestimmt zu werden, dann sagt man, dass es B impliziert als Anlage.

Wenn etwas mal bestimmt A und ein andermal bestimmt B ist, dann kann man weder sagen, dass es A, noch dass es B, noch dass es beides zugleich ist, sondern dazu bestimmt, mal A und unter anderen Umständen B, aber z.B. ganz bestimmt niemals C zu sein. Zuweilen bleibt ganz unbestimmt, ob etwas bestimmt oder unbestimmt ist, und diese Unbestimmtheit *zweiter Stufe,* die *unbestimmte Unbestimmtheit,* unterscheidet sich von der bestimmten Unbestimmtheit durch ganz besondere oder gar Unstimmigkeit.

A v -A : Der Satz des ausgeschlossenen Dritten kann
auch die Logik dieser Unbestimmtheit ausdrücken, ob
A vorliegt oder nicht. Wer die Modallogik vorzieht,
könnte mit dem Funktor M *(möglich)* auch aussagen:
M(X) A M(-X), aber diese zusammengesetzte aristote-
lisch-scholastische Bestimmung der „Kontingenz" ist
nicht äquivalent mit dem falschen Satz: M(X A -X).

v : nichtausschließendes „oder" (Adjunktion)
A : logisches „und" (Konjunktion)
-X : logische Negation von X

Es kann unbestimmt sein, wie viele Bestimmungsmög-
lichkeiten es gibt und welche davon realisiert ist und
ob eine bestimmte Möglichkeit A vorliegt.

A oder Nicht-A : Welche dieser beiden Möglichkeiten
vorliegt, kann unbestimmt bleiben, d.h. nicht nur subjektiv unbekannt, sondern objektiv unausgemacht.

Es ist zuweilen unbestimmt, ob etwas unter einen
bestimmten Begriff fällt oder nicht. Adorno hätte gesagt, es sei nicht bestimmbar, ob etwas identifiziert
oder ‚nicht-identisch' ist. Wenn beide Möglichkeiten
offen sind oder wenn offen bleibt, welche Möglichkeiten überhaupt offenstehen, kann jede dieser Möglichkeiten realisiert sein.

An dieser Stelle setzt der Witz ein, der die Bestimm-
barkeiten gleichzeitig realisiert, auch wenn sie einander ausschließen. Der Aphorismus bestimmt etwas
als etwas und lässt es zugleich unbestimmt; er verbindet zwei Bestimmungen und lässt unbestimmt, ob
das stimmt, indem er eine Stimmung erzeugt, die
Zustimmung zugleich anfordert und abweist. Dieses
Zugleich von Stimmung, Bestimmung und Zustim-

mung zu beidem überstimmt unsere Verstimmung über die Unbestimmtheit, ob nun Logik oder Unlogik herrscht. Objektive Bestimmungen, die auch stimmen, sind gewöhnlich mitbestimmt von subjektiven (Ver-) Stimmungen, in denen das selbstbestimmte Subjekt aber gerade auf etwas eingestimmt wird, von dem es überstimmt wird und dem es nur noch seine Zustimmung gebe, um mit ihm übereinzustimmen. Eine Stimme ist abgestimmt auf Eindrücke, die einen unbestimmten Gehalt durch eine bestimmte Gestalt hindurch unausdrücklich ausdrücken. Stimmungen sind bis zur Über(ein)stimmung auf eine vom Objekt angestimmte Stimme eingestimmt und abgestimmt.

Stimmen hören, die nicht stimmen?

+ + +

Schmeichelei, die selbst gelobt sein will, tarnt sich als *konstruktive Kritik*. Aber nur ehrliche vernichtende Kritik ist hilfreich. Wer sich davon nicht entmutigen lässt und unbeirrt weitermacht, der meint es vielleicht ernst und hat am Ende sogar etwas Besonderes zu sagen? Mein Lob freut dich, doch Verrisse nützen dir; destruktiv ist nur inkompetente Kritik von Stümpern. Deine besten Kritiker sind die Genies der Gattung, die großen Toten, an denen man sich messen soll, denn was ist von Leuten zu lernen, die selbst noch alles zu lernen haben? Freunde schmeicheln durch zu sanfte *konstruktive Kritik*, Feinde und Konkurrenten sehen schärfer …

Theologie und Logik

Christlicher Glaube und aufgeklärte Vernunft

Seit die alte Lehre von der *doppelten Wahrheit* des gesunden Menschenverstandes und der Offenbarung nicht mehr ausreicht, die Kluft zwischen Glaubens- und Vernunftwahrheiten zu überbrücken, sind Sinnlosigkeit und Unsinn zu Indizes des Übersinnlichen avanciert. Die Fragwürdigkeit wurde ein Siegel jeder Glaubwürdigkeit.

Alle weiteren Versuche, zunehmende Über-, Wider- und Unvernunft des christlichen Glaubens doch noch zur Vernunft zu bringen, endeten für den Glauben stets vernichtend.

"Der Christ glaubt und bekennt,
der Jude weiß und erkennt", sagt ein altes Wort.

Aufklärung und Psychoanalyse heben den „Wahrheitsgehalt des Glaubens" dadurch auf, dass sie die geheime Wahrheit im Herzen der Unvernunft des Glaubens aufzeigen. Sie zerstören den Glauben gerade dort, wo sie seine verlorengegangene Übereinstimmung mit der Vernunft wiederentdecken. Das Paradoxe ist, dass der Glaube es nicht überlebt, kein Paradox zu sein. Sein Motiv vernichtet seine Wahrheit. Im Übrigen will es scheinen, er mute heute dem vielbeschworenen Verstand weniger zu, als der Theologie um der Selbsterhaltung willen lieb sein dürfte.

Erweisen wir dem Glauben also noch einmal den Bärendienst, ihn hinter dem Panzer seiner vermeintlichen Unlogik hervor zu zerren. Natürlich bleibt es weiter Sache des Glaubens, ob Jesus ganz Mensch und gleichzeitig ganz Gott war, ob er seinem Gott stellvertretend für uns alle genug getan hat und ob er den bußfertigen Teil der Menschheit nun erlöst hat. Wir werden uns mit dem schlichten Aufweis begnügen, dass der Glaube daran gar nicht widersinnig und unlogisch ist, nicht einmal nach den Spielregeln moderner mathematischer Log(ist)ik, wenn wir einmal ganz unbefangen den religiösen auf den formallogischen Code abbilden.

Mathematische Logik gilt als die strengste aller modernen Wissenschaften. Wer sie gegen sich hat, hat keine guten Karten im akademischen Raum.

Die Scholastik fasste Gott auf als das **ens entium**, als **ens summum et ens communis**, als das gleichzeitig höchste und allgemeinste Seiende in der Rangordnung der *analogia entis*. Noch heute kreidete Heidegger der Metaphysik ihren „onto-theologischen" Charakter an. Im Folgenden werden wir versuchen, die dem christlichen Glauben zugrundeliegende *Theo-logik* zu rekonstruieren, ohne aber aus diesem Glauben heraus zu sprechen.

Theologie, als die theoretische Selbstauslegung des praktizierten Glaubens, geht aufs Ganze, sie *ist* das Ganze, auf seinen Sinn gebracht. Der Gottesbegriff sei der ganze "Sinn des Sinns", schrieb Philosoph Volker Gerhardt 2014. Theologie als Inbegriff des Seienden-im-Ganzen ist als Spezialwissenschaft u. a. selbst ein Teil dieses Ganzen, ein Teil des Ganzen aber gerade als sein Inbegriff. Sie macht sich einen Begriff vom

All, und dieser Begriff ist als Teil des Alls immer jenseits des Alls, Jenseits aber eben *als* Bestandteil des Alls. Überall herrscht dieser Widerspruch, der die formale Logik so wenig aufhebt, dass er ihre modernste Spielart zu Beginn dieses Jahrhunderts überhaupt erst ins Leben rief.

Auch Gott, als Ursprung und Schöpfer der Welt ihr Jenseits, ist für Christen in Christus sein eigenes Geschöpf geworden, hat in ein und derselben Person (als Mensch) teil an derselben Welt, über der er (qua Gott) steht. Schuf Gott sich selbst, der alles schuf, was nicht sich selbst erschaffen kann? Und falls er sich selbst erschaffen hat, hat er dann sich erzeugt als eines seiner Geschöpfe u. a. oder sich selbst als den, der sie alle erschuf − inklusive *Jeshua ben Joseph*, der für Christen Gott selber (gewesen) ist? Erlöst dieser Jesus aus Nazareth auch sich selbst, der alle erlöst, die sich selbst nicht erlösen können?

Logisch ist „Gott" der Name für den obersten aller Gattungsbegriffe, den allgemeinsten Oberbegriff aller Oberbegriffe, Inbegriff aller *Transzendentalien*, die Menge aller Mengen und Klasse aller Klassen, Schöpfer aller Schöpfer und Geschöpfe, Prinzip aller Prinzipien, Urgrund aller Grundlagen, Sein alles Seienden etc. Das ‚universe of discourse' ist in den Augen Gottes die Allklasse des Seienden im Ganzen, und da die leere Menge Teilmenge jeder Menge ist, ist auch in Gott die Nullmenge enthalten, also die Allklasse aller im Widerspruch zu sich selbst stehenden Dinge, alles nicht mit sich selbst identischen Seienden, der Bereich des Nichtexistenten, theologisch gesprochen: des Nichtigen und Bösen.

Wenn dieser Gott alles und nur all jenes erschafft, was nicht sich selbst hervorbringen kann, hat er dann auch sich selbst produziert, also den, der alles samt seiner selbst in die Welt setzt – ist er also Ursache dafür, *dass* er Ursache aller Sachverhalte ist?

Wenn Gott der Grund von allem ist, was sich nicht selbst begründen kann, kann er dann begründen, *dass* er Grund von allem ist? Wenn er sich selbst begründet, dürfte er sich *nicht* selbst begründen, da er doch nur jene Wesen begründet, die nicht Grund ihrer selbst sind. Ist er aber *nicht* Grundlage seiner selbst, dann gehörte er ja gerade zu jenen Wesen, deren Grund er ist.

Das ist das Russellsche Paradox am Eingang der neuzeitlichen Logik. Das ist auch der Kern des Witzes über die paradoxe Omnipotenz Gottes, mit der er eine Mauer soll erschaffen können, die er selbst nicht mehr übersteigen könne. Kann er sie nicht überwinden, ist er nicht allmächtig. Überwindet er sie aber, hat er keine für ihn unüberwindliche Mauer errichtet, ist also ebenso wenig allmächtig. Wo liegt der Ausweg?

Der Grund alles Seienden ist auch selbst ein Seiendes unter anderem *(ens entium, ens summum, ens realissimum, ens perfectissimum* etc.), ein Seiendes unter anderem aber gerade als Grund alles Seienden. Gott kommt als Ding unter anderen Dingen in der Welt vor gerade *als* Bedingung der Möglichkeit aller Dinge, unter anderem jenes Dinges, das er selbst ist, ein "Menschensohn" gerade als der Vater aller Menschen, Vater der Menschheit aber gerade *als* sein eigener einzelner „eingeborener Sohn" hienieden, *causa sui et causa causarum* in einer Person, *natura naturans* und *natura naturata*.

34

Gott ist *causa sui*, sofern ja seine Existenz notwendig aus seinem Wesen folgen soll, aber diese seine *Aseität* ist zweideutig : Im Menschen Jesus hat er sich hervorgebracht als Seiendes u. a., aber *als* dieses Produkt ist er gleichzeitig doch auch Produzent aller Produkte samt seiner selbst, ist er also Urheber dafür, **dass** er Verursacher aller denkbaren Sachverhalte ist – unter anderem des Menschen Jesus.

Gott ist als Grund alles Seienden auch Grund jenes Seienden, das er selbst ist neben anderem Seienden, des sterblichen Christus, und in diesem heillos Bedingten, in dem er sich bedingungslos an die Welt verdingte, ist er zugleich Bedingung aller Dinge. Man sieht, Gottvater und „Gottsohn" sind ein und dieselbe Person und doch durch den Abgrund einer theologischen Metastufe tief voneinander geschieden, und was die Theologen den *Heiligen Geist* nennen, ist genau dieses für den Logiker : die *Identität von Identität und Nicht-Identität* von Gottvater und Gottsohn, von Begriff und Individuum, von Form und Inhalt, von Wesen und Sein, von Klasse und Element.

Gott bringt sich als Menschen hervor, in Christus als denjenigen, der alle und alles (neu) hervorbringt. Gott transzendiert das Ganze um genau so weit, wie das Ganze seinerseits mehr ist als z. B. jener Teil des Ganzen, der als Christus die Summe des Ganzen ist, Summe aber als ihr eigener Summand. Arithmetisch ist eine Summe aber nur dann mit einem ihrer eigenen Summanden identisch, wenn die übrigen Summanden gleich Null sind oder sich zu Null summieren, und gerade zu dieser Null ist der Mensch und alles unter ihm ja vor Gott gemacht. – Gott unterwarf sich in Christus einer Welt, die ihm unterworfen ist.

Die Welt, die ihn zertreten konnte, war genau so viel mehr und anders als Jesus, wie Gott mehr und anders ist als seine Welt. Diese Dialektik des Teils und des Ganzen, macht sie nicht die geheime formale Logik und Logistik der christlichen Theologie aus?

Das Mysterium Christi, als das bekannte mengentheoretische "Paradox der materialen Implikation" formuliert, löst sich mit Russells „Typentheorie" in Wohlgefallen, wenn nicht in Gottwohlgefälligkeit auf.

In dem Sinne, in dem der Katalog einer Bibliothek ja auch ein Buch der Bibliothek ist und doch nicht in genau der Bibliothek enthalten, die in ihm enthalten ist, nahm Gott in Christo Anteil an seiner Welt, indem er einer ihrer Bestandteile wurde − aber teilhatte an der Welt jenseits der Welt als ihr Inbegriff, an dem sie partizipiert.

Das Jenseits ist ein Teil des Diesseits − als Jenseits, und das Jenseits ist Jenseits − *als* Diesseits. Gott ist der Schöpfer jener Welt, deren Geschöpf er ist *als* Sohn Marias und Josephs, Kreatur aber gerade *als* Demiurg. Damit wird auch der ewige Streit schlichtbar zwischen Theismus und Pantheismus : Gott ist identisch mit seiner Welt, sofern logisch ja jede Klasse nichts ist als die Menge der Objekte, die sie pantheistisch enthält.

Aber nach Russell ist jede Menge zwar eine Teilmenge, aber kein Element ihrer selbst, also *als* Menge getrennt vom logischen Status ihrer Elemente wie Gott von seiner Welt durch mindestens eine Meta-Ebene. *In Christo* ist Gott theo-logisch Teilmenge und nicht Element der Weltmenge, die er in sich hat.

Er ist *Untermenge,* nicht *Element* unter anderen elementaren Elementen. Unter die von ihm geschaffenen Elemente mischte er sich nicht als Element u. a., sondern als Untermenge von Elementen seiner selbst.

Der Weg vom Mythos zur Aufklärung läuft über die Religion, über den Bann einer Übernatur, die als kontingenzüberwindendes Kompensat der Ohnmacht vor der Natur selber Reflex dieser Ohnmacht ist. Mit meiner Herrschaft über Natur zergeht auch die Herrschaft der Übernatur über mich?

Bevor Philosophie sich von Theologie emanzipierte, war diese Dialektik des Teils und des Ganzen nicht die Dialektik der Menschheit, nicht *des* Menschen, sondern jenes Menschen, der an allen Menschen ebenso teilhatte wie an ihrem göttlichen Inbegriff: Jesus, als *primus inter pares* ein *pars pro toto*, eine Metonymie und Synekdoche. Gott als Inbegriff der Menschheit ist ganz Mensch u. a., Mensch unter anderen aber *als* Inbegriff der Menschheit jenseits der Menschheit : ganz Gott *und* ganz Mensch nach den berühmten Konzilsformeln. Das ist völlig logisch im Einklang mit moderner Mathematik.

Der berüchtigte Streit um den i Punkt zwischen *homo ousios* und *homoi-ousios* ist ebenso verständlich wie schlichtbar. Fassen wir die Soteriologik der Christologie als „Russellsche Antinomie" : Erlöst Jesus sich selbst, wenn er alle Menschen, d.h. jene Wesen erlöst, die sich selber nicht erlösen können? Wenn er sich selbst erlöst, gehört er zu denen, die er *nicht* erlöst Erlöst er sich selber aber *nicht,* hätte er gerade sich selbst zu erlösen.

Die Lösung lautet : Der erlösende und der erlöste Christus sind nicht identisch. Der göttliche Christus erlöst den menschlichen Jesus. Christus erlöst die Menschheit von der Sünde, also von der Verdammnis − also auch sich selbst, sofern er der leidende Mensch Jesus ist. Aber wenn er sich selbst miterlöst, dann den, der alle Menschen erlöst − samt dem, der alle erlöst etc. ad infinitum.

Wovon aber sollte er erlösen, der alle samt sich selbst erlöst? Von der Sünde als erbsündiger Mensch u. a. − Aber Christus wird geglaubt als der einzige Unschuldige. Erlöst er sich also davon, *dass* er alle erlöst? Erlöste er sich aber gerade von seinem Welterlösungswerk, dann erlöste er gerade niemanden und wäre wirklich nur *servus servorum* wie der Papst, eben ein Mensch *unter* anderen Leuten.

Jesus war ganz Mensch, aber einer, der zur Menschheit, nachdem sie vollständig vorliegt und ihre zukünftige Vollzähligkeit in ihm antizipiert ist, ganz von außen hinzutritt, per definitionem als einziger Unschuldiger zu uns ausnahmslosen Erbsündern. Die Menschheit ist durch Jesus nicht um ein weiteres Exemplar komplettiert, sondern um nichts weniger als ihre Erlösung, um die „stellvertretende Genugtuung Gottes", um Gott selber. Die Menschheit, in der Jesus ein Glied u. a. ist, ist eine andere als jene, die ohne ihn vollzählig ist und deren Stellvertreter vor Gott er ist.

Der Erlöser der alten Welt, jenseits von ihr, ist er *primus inter pares* im neuen Äon: *Gott für* die unerlöste und Mensch *in* der erlösten Menschheit.

Die Menschheit verhält sich zu Christus fast wie eine Bibliothek zu ihrem Katalog, und die Bibel ist ja das

„Buch der Bücher" genannt. *Als* Unschuldiger steht
Christus außerhalb der sündigen Menschheit : Herrgott. Die einzige Menschheit, in der dieser Gott ein
Mensch u. a. wäre, ist die einst erlöste. Was den histo-
rischen Jesus vom nur geglaubten Christus trennt, ist
dasselbe, was diese Menschheit, die er transzendiert,
von jener Menschheit unterscheidet, in der er ununter-
scheidbar aufginge – die endliche Befreiung vom
Status corrumptionis et iniquitatis.

Und Jesus ist ganz Mensch, sofern er als Unschuldiger
bereits Teil der erlösten Menschheit im Ganzen ist,
ganz Gott aber, sofern er als dasselbe einzige Un-
schuldslamm ganz außerhalb der sündhaften Menschheit steht, anders und mehr als die Summe ihrer Mit-
glieder. Eine Klasse für sich ist nicht Element ihrer
selbst, sondern Element ihrer Oberklasse. Erst als das
erste Mitglied der erlösten Menschheit hat Jesus auch
sich davon erlöst, alle Menschen zu erlösen.

Den Alten eine Torheit, war er den Heiden ein Ärgernis. Aber seit 1910 dürfte wenigstens die Logik so
wenig mehr Ärgernis an ihm nehmen wie an den
Russellschen Aporien. Wir sahen, dass der christliche
Glaube mindestens nicht paradoxer ist als die logischen Antinomien, die zu Beginn dieses Jahrhunderts
die Neubegründung der Mathematik erzwangen. Und
wenn der Logiker damit nicht ganz selig wird, dann
nicht deshalb, weil er an der Christologik noch Ärgernis nehmen müsste, sondern weil es *eine* Sache ist zu
glauben, dass Jesus von Nazareth wirklich Gott war,
eine andere Sache, zu wissen, dass wenigstens kein
logischer Widerspruch ihn daran gehindert haben
kann, es gewesen zu sein – wenn er es denn gewesen
sein sollte.

Man kann nun weder mehr glauben noch nur deshalb
ungläubig bleiben, weil es absurd wäre zu glauben –
einfach deshalb, weil es widersinnig eben nicht ist.

Nun fürchten wir zwar, dass dafür weder die Gläubi-
gen noch die Ungläubigen der mathematischen Logik
Dank wissen werden, aber wenn formale Logik schon
nicht das Fundament der Religion erneuern kann, wie
sie es mit den Grundlagen aller Mathematik getan hat,
so zerstört sie diese doch auch wenigstens nicht.

Aufklärung, Säkularisierung und Psychoanalyse ent-
ziehen dem christlichen Glauben in dem Augenblick
den Sinn, wo sie ihm seinen ihm unbewussten
‚niederen' Hintersinn unter die Nase reiben. Sie rauben
ihm die Funktion, wo sie *funktionale Äquivalente* für
ihn anbieten. Anders als an Marx und Freud stirbt der
Glaube wenigstens nicht daran, sich seine geheime
A-logik und Irrationalität vorrechnen zu lassen von
Lord Russell und dessen neuheidnischen Erben.

Kants und Hegels Dialektik wollte immer auch philosophische Rechtfertigung der christlichen Religion
aus reiner Vernunft sein, aber Lord Russells moderne
Log(ist)ik lässt sich nicht dazu verwenden, die Unlogik des Christentums zu begründen. Zu beweisen ist
(vielleicht) mit Hegels „Logik" die christliche Logik,
aber mit Russells "Typentheorie" keineswegs die
christliche Unlogik. Das ist das bescheidene Resultat
unserer logischen Begriffsanalyse. – q. e. d.

„Id quod non magis cogitari potest"?
(*Anselm von Canterbury*, „Proslogion", 1078 n. Chr.)
Welches aber nun ist das *überabzählbar* Unendliche
von höchster *Mächtigkeit*? Sind es die *abgründigen
Mengen*, die Leibniz nannte?

Wittgensteins *linguistic turn*
Im Anfang war der Satz als Bonmot von Kraus

„Das Unaussprechliche (das, was mir geheimnisvoll erscheint, und ich nicht auszusprechen vermag) gibt vielleicht den Hintergrund, auf dem das, was ich aussprechen konnte, Bedeutung bekommt." (Ludwig Wittgenstein: Werkausgabe, Frankfurt 1984, Band 8, S. 472). „Und es ist so : Wenn man sich nicht bemüht, das Unaussprechliche auszusprechen, so geht *nichts* verloren. Sondern das Unaussprechliche ist − unaussprechlich − in dem Ausgesprochenen *enthalten."* (Brief an Paul Engelmann vom 9.4.1917) Muttersprachen implizieren ihre Metasprachen.

Wittgensteins fragmentierte Individualität zeigt sich im fragmentarischen Stil. „Was ich auch immer schreibe, es sind Fragmente, aber der Verstehende wird daraus ein geschlossenes Weltbild entnehmen." (Nachlass-Ms. Nr. 108). W. meint, „dass ein Buch über Philosophie, das Anfang und Ende hat, eine Art Selbstwiderspruch darstellt ... wie wir in der Philosophie ein Problem nach dem anderen aufgreifen müssen, obwohl eigentlich jedes Problem zu einer Vielheit von Problemen hinführt."
(Vorlesungen 1930/1935, S. 199)

Um sich ein Bild vom Ganzen der Welt machen zu können, müsse das Ich ganz außerhalb dieses Ganzen stehen und dürfe selbst kein Bestandteil dessen sein, von dem es sich ein Bild machen wolle. Der Berührungspunkt zwischen Sein und Bewusstsein erfüllt beides, weil er an beiden teilhat, ohne darin ganz aufzugehen : Nähe und Distanz zugleich. Ich kann Dinge beurteilen, aber nicht, *wie* ich sie beurteile: Reflexive Selbsterkenntnis ist für W. unmöglich. Mich selbst erkennen heißt mich erkennen, sofern ich Teil des Ganzen bin, aber zugleich auch den erkennen, der das Ganze erkennt und wie er es erkennt.

Sein Entdecker Bertrand Russell entdeckte, daß eine Klasse von Elementen kein Element ihrer selbst sei, dass das Bewusstsein niemals zu dem Sein gehöre, dessen es sich bewusst sei, und das Bild eines Gegenstandes kein Gegenstand dieses Bildes sein könne.

Das Urteil über Objekte kann durch sie nicht verurteilt werden, und die transzendentale Bedingung der Möglichkeit von transzendenten Dingen ist nicht durch diese Dinge bedingt. Transzendentale Linguistik bedeutet, dass die Dinge nicht die Bedingungen ihrer (sprachlichen) Bedingungen sind. – „Der Philosoph behandelt eine Frage; wie eine Krankheit." Als europäischer Uraphoristiker gilt der sophistische Arzt *Hippokrates*, ein Schüler des *Gorgias*.

„Das Wesen des Satzes angeben heißt, das Wesen aller Beschreibung angeben, also das Wesen der Welt" : Wittgenstein gibt das Wesen des Satzes und damit der beschriebenen Welt nicht in einem Aufsatz wieder, sondern in einem Satz. Diese selbstreflexiven Sätze bleiben Fragmente, weil er nur über den Satz nachdenkt und nicht über ganze Abhandlungen, die mehr sind als Sätze. Beeindruckt vom Aphoristiker Karl Kraus, wollte W. seinen „Tractatus" ursprünglich „Der Satz" nennen.

„Die Philosophie ist ein Kampf gegen die Verhexung unseres Verstandes durch die Mittel unserer Sprache", schreibt W. in seinen „Philosophischen Untersuchungen", aber dieser philosophische Kampf zuerst gegen die verhexenden Kunstsprachen und dann gegen die verhexende Muttersprache ist ein Kampf mit dem Mittel der Sprache selbst. Das philosophische Fragment ist der Kampf gegen Worte − mit den Waffen des Wortes. Es erzeugt Schweigen durch Worte und ist kein bered(e)tes Schweigen. − Welche schizoide „Lebensform" nun entsprach seinem fragmentierten „Sprachspiel" ? „Ich bin zwar kein religiöser Mensch, aber ich kann nicht anders : Ich sehe jedes Problem von einem religiösen Standpunkt." *Rudolf Carnap* sagte von ihm: „Sein Standpunkt glich eher dem eines kreativen Künstlers als dem eines Wissenschaftlers, um nicht zu sagen eines biblischen Propheten oder Sehers." War W. der einzige monotheistische Philosoph von Rang im 20. Jahrhundert, wenn auch nur im protestantischen Sinne Kierkegaards?

„Was ich entdeckte, sind neue Gleichnisse." (WA 8) Seite 483). Wir erinnern uns : „Die Grenzen meiner Sprache sind die Grenzen meiner Welt". In den „Philosophischen Untersuchungen" heißt es: „Die Ergebnisse der Philosophie sind die Entdeckung irgendeines schlichten Unsinns und Beulen, die sich der Verstand beim Anrennen an die Grenzen der Sprache geholt hat. Sie, die Beulen, lassen uns den Wert jener Entdeckung erkennen." Dieses Bild stammt aus einem Aphorismus des „heimlichen ‚Tractatus'-Adressaten Karl Kraus" *(H. Fricke)* : „Wenn ich nicht weiter komme, bin ich an die Sprachwand gestoßen. Dann ziehe ich mich mit blutigem Kopf zurück. Und möchte weiter." Der Weg vom philosophischen Dichter Kraus zum poetischen Denker Wittgenstein ist also der Weg vom blutigen zum verbeulten Kopf.

„Aber es sind nur Luftgebäude, die wir zerstören, und
wir legen den Grund der Sprache frei, auf dem sie
standen", die philosophischen Gedankengebäude. „Ich
bin auf dem Boden meiner Überzeugungen angelangt.
Und von dieser Grundmauer könnte man beinahe
sagen, sie werde vom ganzen Haus getragen" (1951).
Wer Luftschlösser baut, wohnt in Hundehütten, sagte
Kierkegaard von Hegel.

„Was ist dein Ziel in der Philosophie? – Der Fliege den
Ausweg aus dem Fliegenglas zeigen." Wir erinnern uns:
Der Satz „zeigt" seinen Sinn nur, den er nicht sagen
kann. Der Sinn ist der Ausweg aus der Bedeutung wie
die Metaphysik aus der Physis. Die Fliege sieht die Welt
draußen, die sie nicht erreichen kann. Ist sie frei, erreicht sie die Welt, die sie dann aber nicht mehr sehen
und übersehen kann.

Das Fragment ist ein „Sprachspiel", das gewöhnliche
Sprachspiele beschreibt, ohne sie aufzuheben. Elementarsätze spiegeln *logische Formen*, Sprachspiele spiegeln
„Lebensformen", beide sind sie Welt-Bilder. Fragmente
„zeigen", *wie* Worte auf die Welt zeigen, also was sich
nicht sagen lässt. Bei Fr. Schlegel waren sie ironische
Allegorien des Unaussprechlichen. Wittgensteins wie
Schlegels Fragmente erfüllen alle Anforderungen, die
Hegel in der Vorrede zur „Phänomenologie" (1807) an
den „philosophischen Satz" stellte. Im Fragment spricht
der gewöhnliche Satz einmal über sich selbst, also über
die Art, wie er über die Welt spricht und sich dabei widerspricht, ohne aufzuhören, ein alltäglicher Satz zu sein.

Das Fragment leiht sich nur die Form des gewöhnlichen
Satzes, um über sein eigenes Weltverhältnis zu reflek-
tieren. Im ‚Spruch' ist das Sprechen über die Sprache
versteckt. Watzlawick dagegen *spricht* die Metasprache,

die Wittgenstein in der Muttersprache lediglich impliziert
sieht. Wittgensteins „Beschreibung des Satzes" wäre
einmal mit Hegels „Logik des Urteils" zu vergleichen:
Begriff-Urteil-Schluss oder Name-Satz- Sprachspiel?

Wittgensteins Paradox liegt darin, dass seine Fragmente
genau die Metasprache sprechen, deren logische Unmöglichkeit zu beweisen sie nicht müde werden. Seine Spät-
philosophie der demokratisch gleichberechtigten Sprachspiele bestand selbst aus der kontext-freien Koexistenz
pluralistischer Sprachspiele. Seine anti-metaphysische
Metaphysik zerfiel in Fragmente wie die Welt in Tatsachen : metaphysics to end all metaphysics. Dass das jeu
de maximes der französischen Moralisten „Sprachspiel"
par excellence war, sah er am verehrten Karl Kraus. Die
Sprache kann nicht sprechen über die Art, *wie* sie über
die Welt spricht, weil das Bewusstsein vom Sein kein
Selbstbewusstsein hat. Worüber man nicht reden kann,
das muss sich zeigen, aber was muss der Fall sein, damit
Sätze nur über das sprechen, was der Fall ist?

„Das Höchste kann man, eben weil es unaussprechlich
ist, nur allegorisch sagen" : Fr. Schlegel war über Fichtes
Tatsubjektivismus hinausgekommen, und *Manfred Frank*
macht zurecht einen scharfen Unterschied zwischen Idealismus und Frühromantik. „Man meint das Absolute und
sagt das Relative. Darum, so lautet die frühromantische
Demarche, gilt es, das Relative so zu sagen, dass im Ges-
tus des Sagens das Gesagte zugleich vernichtet wird als
das nicht Vermeinte. Das geschieht durch die Ironie. Sie
ist kein Thema des Sagens, sondern ein Stil-Zug der
Rede." (*Manfred Frank* : „Stil in der Philosophie",
Stuttgart 1992, S. 62 f.) „Im und als Stil ... reflektiert
die Sprache auf sich selbst ... Stil ist die selbstbezüg-
lich gewordene Zeichenverwendung, wie sie Roman
Jacobsen auch der poetischen Sprache zuerkannte."

(a.a.O., S. 98) − Fragmentarische Sprachspiele sind „bedeutende Anspielungen" auf Unaussprechliches. „Ironisch lasse ich fühlen, dass ich etwas anderes sagen will, als was ich sage." (a.a.O., S. 99)

Frank erwähnt Schlegels Ironie, aber nicht seine paradoxen Selbstparodien. „Wittgensteins Texte sind aber keine Aphorismen, sondern gehören zur Gattung des Fragments ... Friedrich Schlegel hat die Undarstellbarkeit des Unendlichen im Endlichen aller Rede nicht nur durch den Stilzug der Ironie, sondern auch durch die Wahl des fragmentarischen Genres zu kompensieren versucht. Ihm war wesentlich, dass man das Fragment nicht mit einem Aphorismus verwechsle ... Fragmente sind dagegen nicht selbstgenügsam." (a.a.O., S. 101). „Notwendig wäre es, alles − oder besser : das Absolute − zu sagen ... Aber indem ein Fragment das andere in seiner Geltung durch Widerspruch und Ausschluss relativiert, wird ... indirekt über die Selbstvernichtung der Reihe − das undarstellbare Ganze angedeutet ... und das Fragmentarische macht sich ex negative zum Repräsentanten des systematisch nicht Leistbaren." (a.a.O., S. 102). „ ... ohne den Bezug auf einen gemeinsamen Referenten (wären) die Fragmente gleichmögliche Aussagen, die sich nicht wechselseitig relativierten oder gar ... zur Aufhebung trieben. − Fragmente sind Bruchstücke eines (verfehlten) Ganzen" (a.a.O., S. 102), doch jedes Fragment ist das Ganze selbst.

„Aber *was philosophisch* scheitert, kann immer noch *ästhetisch* gelingen." „Nur eine Botschaft, die von keiner denkbaren Interpretation ... je ausgeschöpft zu werden in Gefahr steht, könnte ja als Allegorie des Absoluten sich anbieten." (a.a.O., S. 103). Gilt diese Unausschöpflichkeit nun schon für jedes Einzelfragment oder erst für ganz durchkomponierte Fragment- Sammlungen?

„Je genauer man also hinsieht, desto mehr erweisen sich die frühen wie die späten Werke Wittgensteins als eine bloß aphorismenähnlich verkleidete Theorie." Viele Einfalle lassen sich zitieren wie „kotextfreie Aphorismen (und zwar solche erster Güte)", im „Tractatus" aber herrsche gerade „keine aphoristische Isolation, sondern das Nonplusultra textlinguistischer Integration", schreibt *Harald Fricke* („Aphorismus", Stuttgart 1984, Seite 45). M. Frank sieht das anders: „Der Mythos von Wittgenstein als dem strengen Gliederer ist inzwischen durchschaut... Zum Unvermögen, die faktisch vorliegende oder vermutete Kohärenz der Fragmente als solche darzutun, tritt bei Wittgenstein wie bei Schlegel und Novalis der Zweifel an der *systematischen* Beherrschbarkeit der Einzeleinsichten und der irreduzibel plural auftretenden Sprachspiele hinzu." (a.a.O., S. 105). „Das am Einfall Orientierte und Sprunghafte" sei Zweck : „Wittgensteins philosophischer Stil ist nicht kontingenterweise, sondern von Natur fragmentarisch-aperçuhaft. Zwei Stimmen, ein Ich und ein Du-Sprecher, teilen sich die Rolle, den Anderen von seinem Freudschen Widerstand gegen Auffinden der Wahrheit abzubringen." (a.a.O., S. 109). Sind diese Bruchstücke einer großen Konfession dem Unbewussten abgerungene psychoanalytische Selbstdeutungen oder nur einsame Selbstgespräche? Nach Heidegger ist ein Phänomen das, „was sich von ihm selbst her zeigt." Logik, Grammatik, Ethik, Ästhetik und Theologie : Das Wahre, Gute, Schöne und Heilige ‚zeige' sich nur im Fragment, das, „selbst insignifikant, Räume von Verständnis öffne", und „das alle Universalitätsansprüche an ihre individuelle Mitgift verweist und jenseits aller

Intention singularisiert." (a.a.O., 115). „Wittgensteins ,Gedankenbewegung' orientiert sich an Metaphern ... und Analogien ... " Jedes System wird systematisch zerstört von diesem potentiell unendlichen *work-in-progress*. Metaphoristische Fragmente „sind aber keineswegs unverständlich, sondern schaffen, wenn sie erfolgreich sind, neue Sprachspiele und mit ihnen neue Möglichkeiten des Sinnmachens und der Weltsicht." (a.a.O., S. 94). Wittgenstein sah sich in der Nähe von Karl Kraus, ein Finne sah ihn in der Nähe Lichtenbergs, Erich Heller verglich ihn mit Nietzsche, und Manfred Frank verglich ihn wie Hermann Schmitz mit Schlegel und Novalis. Alle diese Denker haben gemeinsam, Aphoristiker zu sein, d.h. Sprachpointen als Sachpointen auszuwerten.

Ein Allgemeinbegriff identifiziere nicht mehr seine Objekte, sondern begründe ihre Familienähnlichkeit

Ein Wort aus einem gegebenen Kontext herauszulösen und in einen neuen Kontext hineinzustellen, verändere seine Bedeutung. Beide Bedeutungen seien dann nur noch verwandt und nicht mehr ein Leib. Diese „Familienähnlichkeit" der Sprachspiele bedeutet gerade nicht, dass sie sich verbinden lassen, um Kinder zu haben, sondern dass Verwandte untereinander nicht heiraten dürfen, dass das Inzesttabu sie als Fragmente systematisch voneinander isoliert und sie also nicht voneinander abstammen können.

Handelt es sich bei Fragmenten um philosophische und/oder poetische „Singles"?

Seinen eigenen ,logischen Atomismus' glaubte Lord Russell im „Tractatus" als den der Elementarsätze wiederzuerkennen, aber in den „Philosophischen

Untersuchungen" nicht als den der Sprachspiele. Mit der Welt habe der Satz noch die logische Form, habe das Sprachspiel aber gar nichts mehr gemeinsam. Ist der Mensch nur da ganz Mensch, wo er sprachspielt, oder sprachspielen Leute einander nur etwas vor?

Gibt Wittgenstein Brot und Sprachspiele,
die den Ernst des Lebens nicht begreifen?

Nach W. ist Philosophie nur ein „Missverständnis der Logik unserer Sprache". Jeder wohlgebaute Satz (well-formed formula) ‚bedeute' einen Sachverhalt und ‚zeige' einen Sinn, den W. auch Gott oder Welt oder Leben nennt. Die ‚logische Form des Satzes' humanisiert sich später zur „Lebensform des Sprachspiels".

„An einen Gott glauben heißt, die Frage nach dem Sinn des Lebens verstehen. An einen Gott glauben heißt sehen, dass es mit den Tatsachen der Welt noch nicht abgetan ist", mit den Tatsachen, in welche die Welt für W. „zerfällt" : Der Eine Gott und die potentiell unendlich vielen Elementarsätze als Spiegel der Einen Welt. „Das, wovon wir abhängen, können wir Gott nennen ... die − von unserem Willen unabhängige − Welt." Ist das nun Pantheismus oder biblisch gedacht? Grammatik, Ethik, Ästhetik und Religion haben ‚wertvollen Unsinn' gemeinsam. „So wird die ... Dichtkunst zur Erbin und Nachlassverwalterin der Metaphysik ..." Überlebt theologische Metaphysik in poetologischer Metaphorik? Frank sieht fälschlich auch bei Friedr. Schlegel Philosophie und Religion in Poesie aufgelöst, aber die frühromantische Mystik, Kunst, Metaphysik und Alchemie sind gleichberechtigte „Andeutungen des Absoluten" aus verschiedenen Richtungen. Was Frank an Wittgenstein und Schlegel beschreibt, gälte eher für Adornos Transformation von Philosophie in Kunst : Schlegel und W. glauben an Gott, Adorno aber nicht. „Opfer des Endlichen": Was beim Aphoristiker Fr. Schlegel wie bei W. noch religiösen Sinn hat, säkularisiert sich bei Adorno zu einem fragmentierten Atheismus, zu progressiven Bruchstücken einer großen Konfessionslosigkeit. Daß Wortbedeutungen vom Gebrauchskontext abhängen, stellt Fragmente noch nicht in diesen Kontext zurück.

Fragmente über die Kontextabhängigkeit der Sprache stehen kontextuell isoliert: Nur jenseits systematischer Kontexte kann über sie sinnvoll gesprochen werden.

Was die Fragmente eines Autors verbindet, ist seine Individualität − und die seines jeweiligen Lesers. Frank schreibt mit Sartre, das Lesen von Fragmenten sei ein vom Aphoristiker gesteuertes Schreiben von Fragmenten. Das wäre aber nur wahr, wenn Schreiben umgekehrt auch ein von Musen gelenktes Ablesen von Leserwünschen würde. Das ist Unsinn. In Wirklichkeit hat der Autor natürlich alles schon getan, obwohl er, wenn er gut ist, mehr und anderes getan hat, als er selbst glaubt und beabsichtigt.

Dass Leser mehr und anderes im Text entdecken können, als der Autor sich dabei gedacht hat, heißt nicht, dass der Leser den Text im Lesen mitschreibt, sondern dass es im Text etwas zu entdecken gibt für Autoren wie für Leser. Kurz : Wäre der Leser ein Co-Autor, sollte er das Buch nicht kaufen müssen, sondern umgekehrt für das Lesen auch noch bezahlt werden. M. Frank wundert sich, dass gerade Sartre die Philosophie zur „Prosa der Welt" und nicht zur narzisstischen „Poesie des Herzens" (Hegel) gezählt wissen wollte.

Nach Sartre betrachtet der Prosaist die reale Welt durch die Worte hindurch, und der Poet betrachtet umgekehrt die Worte, als seien sie eine Welt für sich, durch die reale Welt hindurch. Prosa beschreibe die reale Welt mit eben den Worten, aus denen Poesie eine eigene imaginäre Welt schaffe. Sagen wir lieber, dass die prosaische Weltreferenz und die poetische Selbstreferenz einer jeden Sprache bevorzugt im aphoristischen Fragment zusammenfinden.

‚Geschlossene' Aphorismen und ‚offene' Fragmente sind Sprachspiele, die nicht nur spezifische Differenzen, sondern auch „Familienähnlichkeiten" aufweisen, z.B. punktuelle Selbstreflexivität von neuen Welt-Bildern. Wittgensteins Fragmente beschreiben alte, Fr. Schlegels Sprachspiele erfinden neue Sprachspiele.

Schlegel lobte Dante, Calderon und Goethe, Wittgenstein unterstützte Kraus, Trakl und Rilke, aber beide rechtfertigten philosophisch die Poesie, ohne sie selbst auszuüben. − Poesie macht eine imaginäre Welt aus jenen Worten, durch die hindurch jede Prosa die Welt sieht. Es ist ein Unterschied, ob Prosa auf die Sprache reflektiert, sofern diese Teil der realen Welt ist, oder ob Poesie auf die Sprache reflektiert, sofern sie gerade eine eigene Welt produziert. Fragmente ‚zeigen' auf Worte in dem Augenblick, wo sie eine Welt erschließen und zugleich Teile der Welt sind, auf die sie zeigen. Sie versuchen, die ebenso notwendige wie notwendig misslingende Synthese aus der „Poesie des Herzens" und der „Prosa der Welt" (Hegel). Gott und die Welt und die Seele seien nur fragmentarisch zu „zeigen", was etymologisch mit „(ver)zeihen" und „zeugen" zusammenhängt. Jeder Satz ist für W. ein elementarer „Satz" von der Art eines Sprunges über sich hinaus bis hin zum biblischen Gott. Philosophie deute fälschlich explizit aus, was das Fragment nur andeute. Der Schöpfer ist keines seiner Geschöpfe, wie die unbedingte Bedingung aller Dinge kein Ding u. a. ist. W. hält Metaphysik für „unsinnig", weil er keine Metasprache anerkennt, sondern nur Objektsprachen 1. Ordnung. Metaphysisches, Ethisches und Ästhetisches zeige sich nur beiläufig an alltäglichen Sätzen, ohne von ihnen ausgesprochen werden zu können. Es ist, als sei Physisches seine eigene Metaphysik, weil kein Satz einen Sprung aus sich heraus machen könne. Fragmente sind besondere Sprachspiele, welche die Funktion ungenauer alltäglicher Sprachspiele, die ihren Zweck aber exakt erfüllen, nur exakt beschreiben. − In gewöhnlichen Sprachspielen „feiert" die Sprache nicht krank.

W. würde Paul Watzlawicks metakommunizierende „Lösungen zweiter Ordnung" eine unsinnige Metaphysik nennen, da er nur „Objektsprachen" kennt, in denen logisch gar keine Double-bind-Widersprüche auftauchen können. In Wahrheit ist seine metaphysische Antimetaphysik selbst so etwas wie eine Lösung *dritter Ordnung*, deren Möglichkeit er widerlegt, indem er Lösungen erster Ordnung gegen Unlösbarkeiten zweiter Ordnung ausspielt. Watzlawicks und Batesons „zweite Ordnung" ist für ihn jenes Rätsel selbst, dessen Lösung sie sein will. Die Lösung des Rätsels erster Ordnung *zeigt* für W. nur das Rätsel jeder Lösung zweiter oder dritter Ordnung. Die Stereotypie seiner Beispiele für Lösungen zweiter Ordnung ist so groß wie die Monotonie der Widersprüche auf der Ebene zweiter Ordnung : Watzlawick kennt nur „paradoxe Symptomverschreibungen" wie „Sei selbständig und spontan!", aber warum benutzt er als geistige Diät für Geisteskranke keine buddhistischen „ZEN-Koans" und keine Aphorismen wie der antike Arzt Hippokrates? Metaphysische „Verhexung des Verstandes durch die Sprache" wird von philosophischen Fragmenten durch überbietenden Gegenzauber „behandelt".

W. radikalisiert Kants Kritik der reinen Vernunft zu einer Kritik der reinen Sprachformen, indem er gegen ‚überschwänglichen Gebrauch' der Sprache über die Grenzen alltäglicher Sprachspiele hinaus einen positivistischen Sinnlosigkeitsverdacht äußert. Seine eigenen Ideen hat er nun von diesem Generalverdacht nicht ausgenommen. Man solle seine Gedankenleiter nach Gebrauch umstoßen, denn die metaphysische Scheinlösung von Problemen sei nur eine Lösung von Scheinproblemen.

+ + +

Kant. Wer breite Weite erlebt,
denkt nicht weiter als das;
nur wer eng und wenig lebt,
denkt viel und weit darüber hinaus.

Geiz ist die Verschwendungssucht der Nachkommen.

Ehrgeiz geizt mit der Ehre der Rivalen.

Von Leibniz bis Sartre
Von Metaphysik zu Metasprachen
Formale Logik der Philosophiegeschichte

Die Monadologie von **Leibniz** ist der letzte universelle Versuch, die Aporien des Ein und Alles zu überwinden, ohne dem subjektiven Part das Monopol zu reservieren für die Repräsentanz des Ganzen. Leibniz zitiert Gott herbei, um überhaupt noch die 'prästabilierte Harmonie', den gesetzmäßigen Nexus aller solipsistischen Individualitäten, zu garantieren. Jede Monade reflektiere jede andere durch Perzeption und Apperzeption, sie reflektiere, wie jede Monade jede andere reflektiere. Und wenn jede Monade die wechselweise Reflexion aller übrigen Mitmonaden reflektiert, ist jede außerhalb des Universums aller anderen Monaden. Jede Monade liegt bei Leibniz gleichsam innerhalb dieses Außerhalb, sie ist exterritorial, sofern sie Inbegriff aller Ko-monaden ist. Jede Monade ist Einwohnerin desselben Jenseits ihrer selbst, und sie ist 'fensterlos', weil keine auf eine andere einwirken kann, sofern jede als Repräsentantin des Restes der Welt jenseits der repräsentierten Welt steht, durch den Abgrund einer logischen Meta-Stufe von der Summe aller übrigen Monaden getrennt. Da jede Monade sowohl Teil der Welt als auch Inbegriff der Welt aller Monaden ist, muß sie gerade als Bild des Ganzen ein Bestandteil des Ganzen sein und gerade Rädchen im Ganzen als Spiegel des Ganzen. Jede Monade spiegelt sich als Atom des Kosmos und als Kosmos zugleich: Sie spiegelt, daß sie sich spiegelt beim Spiegeln der Welt.

Was sie alle voneinander trennt, ist keine geheimnisvolle Zersplitterung der Welt in pluralistische Divergenzen, sondern der meta-physikalische Charakter jeder Monade in Bezug auf das Weltall aller übrigen Monaden. Es gibt kein 'Fenster' zwischen den Meta-Ebenen; jede Monade kann, abhängig von der Perspektive ihrer Stellung zu den anderen Monaden, die logische Stufe nullter oder erster oder weiterer Ordnung annehmen.

Sie ist Individuum, Begriff, Inbegriff von Begriffen etc. zugleich, je nach Perspektive, aber nie innerhalb ein und derselben Hinsicht. Die spiegelnde Monade bleibt von gleicher Seinsart wie die gespiegelte, jede ist spiegelnd und gespiegelt zugleich. Aber es macht einen großen Unterschied, ob die Monade sich selbst spiegelt als Monade unter anderen Monaden oder in ihrer Funktion, sich selbst samt allen Monaden zu spiegeln. Als *vis prima et activa* voller *appetitus* und *nexus* ist sie Spiegel aller Spiegel und Spiegel unter Spiegeln gleichzeitig. Gott ist die Idee der vollendeten Klarheit, die Reflexion aller Reflexionen.

Nach **Kants** berühmtem Grundsatz sind die Bedingungen der Möglichkeit meiner Erfahrung zugleich auch immer die Ermöglichungsbedingungen für die Gegenstände dieser Erfahrung selbst. Ich kann nichts erfahren, ohne die Gegenständlichkeit des Erfahrbaren erst selbst herzustellen, aber nicht den Erfahrungsgegenstand selbst. Das transzendentale Ich bei Kant konstituiert nicht sein empirisches Objekt, aber dessen Objektivität.

Sätze, die nicht nur etwas über mich selbst aussagen, sondern über andere und über anderes, schon bevor ich das alles außerhalb von mir erblicke, also meine ‚synthetischen Urteile a priori‘ über das, was ich nicht selbst bin, solche Urteile über die Welt vor aller sinnlichen Erfahrung mit ihr, sind nur möglich nach Kant, weil ich es bin (das Ich, das ich mit anderen übrigens anthropologisch gemeinsam habe), der zwar nicht die Erfahrungsgegenstände aus dem Nichts schafft wie ein Gott, wohl aber die Form ihrer Gegenständlichkeit selbst, synthetisch hergestellt aus chaotischen Sinnesreizen. Nach *Vico* erkennen wir nur das eigentlich ganz, was wir selbst geschaffen haben und soweit wir es selbst geschaffen haben. Laut Kant erkennt das Subjekt sein Objekt nicht viel anders, als ein Handwerker, wie Kants Vorfahre es war, sein Material bearbeitet. Dieser Handwerker bringt das Werk hervor, die Schaffung des Rohstoffs selbst überläßt er seinem Schöpfer. Was er dem von Gott geschaffenen Rohstoff hinzufügt, sind die ebenfalls von Gott geschaffenen Formen, in die er den Rohstoff durch seine Bearbeitung erst bringt — als Geschöpf Gottes.

Er formt das Material nach einem vorgefaßten Bild in seinem Kopf, aber dieses Bild selber hat er nicht selbst gebildet und die Form nicht geformt. Der Arbeiter macht das Auto, aber nicht den Kunststoff und das Metall selbst, wenigstens nicht die Roh-Erze.

Der Arbeiter kauft das Auto, das er produziert, wie das
Subjekt sich vom Objekt 'affizieren' läßt, dessen Objektivität ihm entstammt. Kant macht klar, daß gerade
seine vollendete Herrschaft über die von ihm produ-
zierte Welt den Menschen von dieser Welt kategorial
ausschließt, nicht anders als das Kunstwerk sich von
seinem Schöpfer löst und, einmal aus seiner Innerlichkeit entlassen, ihm von außen begegnet. Auch dem
Arbeiter ist ja das Fertigprodukt 'entfremdet', weil ihm
weder die Rohstoffe noch die Produktionsmittel und
Fertigungspläne gehören. Durch die Macht der Subjektivität über die Welt ist das Subjekt von der Welt
getrennt wie die *res cogitans* von der *res extensa* bei
Descartes. Die Welt so zu sehen, wie sie an sich selbst
sein mag, wie sie also aussieht, wenn sie nicht angesehen wird, setzt das Opfer der Augen voraus, und wenn
ich sie nicht sehe, wie sie ohne meinen Blick mich an-
blickt, dann deshalb, weil ich nicht bin wie sie. Und ich
sehe ja die Welt nach Kant auch durch keine Brille
(weil ich selbst diese Brille bin, die kein Teil jener
Welt ist, die ich durch sie hindurch wahrnehme).

Ein passiver Wachsabdruck der Welt sein, ohne alle
subjektive Zutat des Betrachters mich unendlich füg-
sam all ihren launisch beweglichen Kurven und Kan-
ten anschmiegen, hieße mit ihr verschmelzen und Teil
von ihr werden, ohne sie zu sehen, sei's richtig, sei's
falsch.

Indem ich mich nach einer Welt richte, die ich aller
Erfahrung zuvor immer schon auf mich zu- und abge-
richtet und diese Dressur eben immer nur vergessen

haben muß, bin ich mit mir allein, beschränkt auf meine schrankenlose Herrschaft über die erfahrbare Welt.

Das intelligible Ich ist wohl Bedingung der Möglichkeit aller Erfahrung und aller Erfahrungsgegenstände, aber es ist nicht Bedingung der Möglichkeit dafür, Bedingung dieser Möglichkeit zu sein. Es hat gar keine Macht über seine Macht über die Gegenständlichkeit der Erfahrungsgegenstände: Es ist nicht Bedingung der Möglichkeit seiner eigenen Intelligibilität und Transzendentalität. Dem empirischen Ich ist sein sinnliches Material, dem intelligiblen Ich seine eigene Subjektivität vorgegeben. Meine Autonomie gegenüber der von mir bestimmten Welt ist mir selbst gleichsam heteronom: Ich bestimme alle Gegenstände meiner Erfahrung, nicht aber, *daß* ich ihre Gegenständlichkeit bestimme. Was mit der Subjektivität zur Welt hinzutritt, ist kein aparter Weltbestandteil unter anderen, sondern die Ganzheit des Ganzen oder ihre Einheit *als* Einzelheit. Die Einheit der Teile ist selbst eine Einzelheit, die als Bestandteil in höhere Einheiten eingehen kann, nicht aber in jene Ganzheit, deren Ganzheit sie ist. Die Einheit eines Ganzen ist mit diesem Ganzen noch nicht mitgegeben. Was mich von der Erkenntnis der Dinge trennt, wie sie an sich sein mögen, ist dasselbe, was mein Sein von ihrem Sein insgesamt trennt. Meine Subjektivität wäre kein Graben zwischen mir und den Dingen, wenn sie selbst ein Ding unter Dingen wäre; als Ding unter anderen aber wäre sie keine Erkenntnis der Dinge im Ganzen. Ausgeschlossen von den Dingen an sich im Ganzen bin ich nur als möglicher Inbe-

griff des Ganzen: transzendentale Dialektik des ganz
Unbedingten.

Wenn meine Subjektivität ein Ding unter Dingen wäre, müßte sie kein Graben sein, der mich von den Dingen trennt. Die Freiheit ist das Ausgeschlossensein jenes Teils des Ganzen, welches das Ganze erkennt, von
diesem Ganzen. Die Einheit aller Einzelheiten ist keine
Einzelheit unter all diesen Einzelheiten, sondern bestenfalls Einzelheit für eine nächsthöhere Einheit, und
die Einzelheiten sind nicht die Einheit ihrer selbst,
sondern die Allgem-Einheit nächstniedrigerer Einzelheiten, also von Einzelheiten der logisch niedrigeren
Stufe. Wenn das 'Ding an sich' bei Kant unerkennbar
ist, dann deshalb, weil das Ich, wenn es die Gesamt-
heit aller Phänomene potentiell erkennt, auch wohl
sich selbst als empirisch zugängliches Phänomen unter
Phänomenen erkennt, aber nie denjenigen, der die phä-
nomenale Welt im Ganzen erkennt und setzt. Die Welt
als Seiendes im Ganzen ist mögliches Phänomen fürs
Ego, nicht aber, *daß* sie sein Phänomen ist. Gegenstand
seiner Erfahrung ist dem Ich sein eigenes phänomena-
les Vorkommen in der Welt, aber nicht seine Transzendentalität und Apriorität selbst. Intelligibel ist ihm
potentiell alles, nur nicht seine eigene Intelligibilität.

Das Ich ist 'Bürger', und es ist bei Kant „Bürger
zweier Welten", es ist Atom und Gemeinschaft. (Bei
Kant ist das Atom bestimmt durch die Gemeinschaft
der Atome und die Gemeinschaft bestimmt durch die
Atome.) Es ist gleichsam Bestandteil der proletarischen Welt mit ihrer durchgängigen Verkettung aller

Glieder, und es ist Mitglied der bürgerlichen Welt mit ihrer 'Causalität aus Freiheit', jederzeit immer auch diese Kette zerreißen und einen neuen Anfang machen zu können.

Wenn der Proletarier für den freien Bürger sowohl ein Phänomen ist wie ein unerkennbares Ding an sich, dann deshalb, weil er die Freiheit hat, seinerseits einen Blick auf den Bürger zurückzuwerfen und ihn zu erkennen bei seinen erkennungsdienstlichen Aktivitäten. Der Proletarier *ist* für den Bürger jenes Sinnesmaterial, das er für ihn bearbeitet. Er wird geformt zu einem durchschaubaren Gegenstand nach Kategorien der Verfügungsgewalt. – Aber er ist nicht nur eine Erscheinung für den Bürger, sondern ein Ding an sich: die Freiheit der praktischen Vernunft, nicht nur Objekt und Mittel zu sein, sondern immer auch Subjekt und Selbstzweck, der ein Subjekt zum Objekt macht und einen Zweck zu seinem bloßen Mittel, ihn zu überschreiten. Der Prolet hört nicht auf, Subjekt zu sein, wenn er Objekt ist. Er ist eine objektivierte Subjektivität : Teil der Welt des Bürgers und Fähigkeit zugleich, diese Welt gerade dabei zum bloßen Teil seiner eigenen Welt zu machen.

In **Fichte** kommt jener Kant zu sich selbst, der so frei ist von der Welt, sie zu konstituieren. Sie erhält nun eine konstitutionelle Verfassung vom menschlichen Grundgesetzgeber. Weitergetrieben findet sich hier die Dialektik des objektiven Ganzen und jenes subjektiven Teils vom Ganzen, welcher das Ganze erst 'produziert' und in die Welt 'setzt'.

Der Rheinfall bei Schaffhausen sei überwältigend, gab Fichte zu, aber es sei das Ich, welches diese Überwältigung erst verursache, ein Ich, durch das der Rheinfall überhaupt erst das Ich überwältigen könne.

Dieses Ich ist wie bei Kant 'das transzendentale Ich der reinen Apperzeption, das alle meine Vorstellungen muß begleiten können', um verschiedene Vorstellungen von ein und demselben Gegenstand zu sein. Das Ich setze sich selbst als Ich, indem es das Nicht-Ich im Ganzen setze, und es setze das Nicht-Ich, indem es sich selbst in die Welt setze als dieses Ich. Es ist nichts vor diesem Akt, jenseits dieses Aktes und unabhängig von diesem Akt, das Nicht-Ich in die Welt zu setzen.

Das Ich setzt bei Fichte sich selbst, indem es die Welt setzt, und diese Welt setzt es in die Welt, indem es sich selbst voraussetzt. Dieses Sich-selbst ist nun zum einen ein Stück Welt unter anderem und zum anderen das Ich, das die Welt im Ganzen setzt samt dem Ich darin. Die Exterritorialität des setzenden Ich gegenüber der von ihm in die Welt gesetzten Welt ist hier bis zur Spitze einer Freiheit des Ich vom (Nicht-)Ich getrieben.

Genauer — das intelligible Ich ist frei von der gegenseitigen Beeinflussung des empirischen Ich und des empirischen Nicht-Ich : Es mache diese Wechselwirkung erst möglich, es sei die Bedingung dafür, daß die praktische Vernunft die Natur ebenso bestimme, wie die theoretische Vernunft von derselben Natur sich bestimmen lasse. Das Ich sei frei, weil es in die Welt setze, *daß* das Ich und das Nicht-Ich sich gegenseitig in die Welt setzen können. Bei Fichte setzt das Ich, *daß* es in die Welt gesetzt wird, es macht sich wie Sartre später für seine eigene Geburt verantwortlich.

Die Trennung des transzendentalen vom empirischen Ich ist hier so perfekt, daß das empirische Ich fast schon eher zum empirischen Nicht-Ich gehört. Dieses transzendentale Ich ist durch mindestens eine Meta-Stufe getrennt vom (Nicht-)Ich, das es setzt. Nur das empirische Ich ist vom Nicht-Ich determiniert, das transzendentale Ego bestimmt selbst, daß es strikt empirisch bestimmt sein könnte. Diese 'Ichheit' ist bei Fichte Urheber dafür, daß Tatsachen Ursachen anderer Tatsachen werden. Als Ursache aller Ur- und Tatsachen sei sie selbst keine Tatsache, sondern eine 'freie Tathandlung'. Diese Faktizität des *Ego cogito* bestehe darin, kein Faktum unter anderem zu sein, um alles Tatsächliche erst als Artefakt des Ego phänomenal aufscheinen lassen zu können.

Schon bei Kant hatte das psychologische Ich samt seinen Eigenschaften und Zuständen eher zur phänomenalen Außenwelt als zum intelligiblen Ich gehört: Wir sehen uns selbst nicht anders als jedes Stück Welt im Lichte von Kategorien, von Anschauungsformen und Ideen. Ich sei mir selbst nicht auf privilegierte Weise offenbar. Das Ich ist für Fichte freigesetzt und freigestellt *von* der Welt, um *für* das Setzen der Welt frei zu sein, — und nur, weil es nicht in die Welt gesetzt ist, kann es sie in diese Welt setzen. Genauer: Das Ich setzt in die Welt, *daß* es in die Welt gesetzt wird. Das Einzige, was an der Welt transzendent ist, sei das transzendentale Ich. Es setzt die Welt: Es setzt sich selbst als Teil der Welt und es setzt in die Welt, *daß* es alles in die Welt setzt samt dem empirischen Ich darin. Dieser Triumph der narzisstischen Allmachtsphantasie ist die Kehrseite der realen Ohnmacht des empirischen Ich inmitten einer Welt von empirischem Nicht-Ich. Man könnte sogar einen Schritt weitergehen und sagen, bei Fichte sei das empirische Ich vom transzendentalen nur abgehoben, um mit ihm zusammenzufallen : Gerade als vom Nicht-Ich zutiefst bestimmtes erwacht es zu seiner Selbstbestimmung und bestimmt die Welt. Es kann aber die Welt nur in die Welt setzen samt seiner eigenen empirischen Existenz darin, wenn es determinierter Bestandteil und Produkt der Welt ist. Als Produzent ist das Ich Produkt der Welt, und Weltproduzent ist es ja nur, sofern es Weltprodukt ist.

In **Schelling** kommt jener Fichte zu sich selbst, der dem *Ego cogito*, der Ursache aller Tatsache, jede eigene Tatsächlichkeit abspricht. Die Tat ist bei Fichte so wenig eine Tatsache wie das Faktum eine Tathandlung. Auch bei Fichte ist das transzendentale Ich nicht transzendent zu der von ihm getätigten und produzierten Welt, sondern nichts als die apriorische Bedingung der Möglichkeit jedes innerweltlichen Nicht-Ich, aber er schüttet das Menschenkind mit dem Bad der Diana aus, wenn er das Ich, das die Welt bildet, und seine eigene empirische Faktizität wie ein Stück Nicht-Ich dort hineinversetzt, eben nicht selbst zur konstituierten Welt gehören lassen kann. Indem die Welt als Nicht-Ich definiert ist, kann das Ich, das intelligible *Ego cogito*, nicht mehr Teil der Welt sein. Fichte hat

Recht, wenn er den Graben zwischen Subjekt und Objekt so ernst nimmt wie Descartes. Aber er nimmt ihn so ernst, daß er nur von einem Subjekt überwunden werden kann, welches so angesetzt und konzipiert ist, daß es schon in sich sein eigenes Gegenteil aus sich heraussetzt und voraussetzt. Das Ich produziert gerade als Ich sein Gegenteil, und es ist für Fichte nichts als diese Produktion dessen, was es nicht ist. Die Differenz von empirischem Ich und empirischem Nicht-Ich *ist* das transzendentale Ich selbst, ob nun das Ich das Nicht-Ich oder dieses jenes faktisch determiniert. So behält es Macht über das, womit es sich befleckt, und muß sich mit dem beflecken, worüber es Macht gewinnt. Schelling nun ist der erste und einzige der Idealisten, durch den Idealismus sich anschickt, sich durch sich aufzuheben. Als Idealist ist Schelling so etwas wie ein Materialist malgré lui mème. Die idealistische Vernunft entdeckt erst bei Schelling sich selbst als das einzige Faktum, das sie nicht in Vernunft auflöst, weil sie kein Faktum ist, sofern sie die Vernunft aller Fakten ist. Alles ist potentiell vernünftig, außer der Vernunft selbst. Alles ist geistig bestimmt, nur der Geist selbst nicht, aber das macht ihn nicht zu einem Stück Natur unter anderem. *Daß* es Vernunft gibt, *daß* alles vernünftig zugeht, wenn es vernünftig zugeht, sei irrational, ein irrationales Faktum. Dieses materialistische Motiv einer Ähnlichkeit des Geistes mit der von ihm bestimmten Natur nimmt beim späten Schelling neomythische Züge an. Zur zweiten Natur geworden, verfällt der Geist wieder der Natur, der er sich entrungen hatte. Man sieht, daß nicht nur durch seine ästhetische Theorie, sondern auch durch seine Aufklärungsdialek-

tik Schelling schon einige Grundgedanken Adornos
präfiguriert. Dabei verwechselt Schelling durchaus
nicht die erste Natur mit der zur zweiten Natur gewor-
denen Kulturarbeit an ihr. Die Kultivierung der Natur
ist für Schelling zur zweiten Natur geworden, nicht
wieder zur ersten, und das macht die Vernunft aller
Fakten nicht zu einem beliebigen Faktum unter anderen, sondern zu einer Tatsächlichkeit zweiter 'Potenz'.

Symmetrisch dazu stellt die Natur dann aber auch sich
nicht als ein Geist im Sinne eines spirituellen und spi-
ritistischen Gespenstes dar, sondern als ein Stück
zweiter Kultur, wenn man so will, die erst frei wird,
wenn die Vernunft selbst vernünftig wird, statt nur ein
Stück geistiger Verdauungstrakt zu sein. Und um den
Geist nicht zu einem Stück roher Natur und Naturbeherrschung zu machen, enthüllt er in der Natur lieber
das Stück Geist, das mehr und anderes ist als bloß allzu
natürliche Macht über andere Stücke Natur. Der Geist
in der Natur ist nicht der Geist der Naturbeherrschung,
aber auch nicht der Ungeist der Naturherrschaft über
den Menschen. Er ist das genau so wenig, wie die Faktizität des Geistes eine blinde Tatsache unter anderen
ist. Diese Natur bei Schelling ist, wie oft bemerkt, eher
Spinozas *natura naturans* als die cartesianische *natura
naturata*. *Daß* der Geist die Natur bestimmt, ist kein
physikalisches Faktum, sondern zur zweiten Natur
geworden: Er bestimmt die Tatsachen, aber nicht die
Tatsache, daß er alle Tatsachen bestimmt. Durch dieses
Faktum zweiter Potenz ist er erst als Geist bestimmt.
Und kausal determiniert die Natur den Geist in allen
Funktionen : Nur *daß* die Natur den Geist kausal de-

terminiert, das bestimmt nicht die Natur selbst, sondern eben der Geist.

In **Hegel** kommt jener Kant zu sich selbst, der in die Spannung zwischen Fichte und Schelling trieb. Hegel wollte beide Motive durcheinander vermitteln und ineinander *aufheben*, sowohl die von Fichte akzentuierte Autonomie des *Ego cogito* wie die von Schelling wiederentdeckte Heteronomie, eine Heteronomie nicht innerhalb der Welt wie bekannt, sondern im Herzen der subjektiven Autonomie selbst. Diese diskrepanten Motive werden für Hegel zu 'bloßen Momenten der Wahrheit' als eines Prozesses durch diese Extreme hindurch und nicht kompromißhaft über sie hinweg oder gar integrativ an ihnen vorbei. Wie läßt sich das *mater*ialistische Motiv Schellings in Fichtes absolutem Idealismus unterbringen, ohne ihn spinozistisch zu überanstrengen, und wie ist Fichte zu retten, ohne Schellings Entdeckung wieder preiszugeben, daß der Geist selbst ein Stück Natur ist — von höherer Ordnung als die Natur, deren Geist er ist?

Hegel bringt das Kunststück fertig, das materialistische und realistische Motiv so weit in den Idealismus hineinzunehmen, daß er noch idealistischer wird, als er bei Fichte schon war. Die Materie ist nicht mehr bloß Material der Pflicht, sondern ein Moment der Pflichterfüllung selbst.

Bei Hegel sprengt Schellings Materialismus noch nicht den Idealismus und die idealistische Identitätsphilosophie Fichtes.

Wenn die Welt ein Konstrukt oder eine Entwicklungsphase der Vernunft ist, dann kann die Vernunft kein Produkt der Welt sein. Wie Schelling findet auch Hegel, daß alles Wirkliche vernünftig ist, außer der Vernunft selbst. Wenn aber wie bei Fichte alle Fakten rationale Artefakte sind und wie bei Schelling die Vernunft selbst das unvernünftige Faktum ist, alle Fakten vernünftig zu machen und vernünftige Normen zu Fakten, dann deshalb, weil das Faktische und das Rationale eben eins seien. Genauer : Ihre Einheit und ihr Unterschied seien eins. Wenn nach Fichte alles Nicht-Ich ein Teil des absoluten Ich ist und nach Schelling dieses Ich am Nicht-Ich teilhat durch das irrationale 'Daß der Vernunft', dann folgt für Hegel, daß Ich und Nicht-Ich gerade identisch sein müssen in ihrer Differenz und verschieden nur in ihrer Einheit.

Das Ich produziert die Welt, also auch sich selbst als Teil der Welt *und* als Weltproduzent zugleich. Besonders gilt das weniger vom Bürger als vom Arbeiter. Aber der Produzent gehört nicht zu seinem Arbeitsmaterial und zur Welt seiner Arbeitsprodukte, wie sehr Hegel auch betont, daß der Mensch sich wie seine Welt in der Arbeit erst selbst erzeuge und die 'Anstrengung des Begriffs' diese Arbeit nur reflektiere. Genauer : Der Bürger reflektiert, daß der Proletarier seine Welt erarbeitet. In Wirklichkeit ist diese ontologische Differenz von Begriff und Handgreiflichkeit also Klassendifferenz und als Klassendifferenz soziologisch realisiert und materialisiert. Der Prolet wird vom Bürger begriffen, er begreift sich selbst nicht und den Bürger erst recht nicht.

Der Produzent setzt sich selbst, indem er die Welt produziert, und die Welt stellt er her, indem er sich selbst herstellt, als Weltprodukt und Weltproduzent zugleich. Das empirische Weltprodukt Ich ist logisch nicht identisch mit dem transzendentalen und dem intelligiblen Weltproduzent ICH. Nun ist selbst das 'Ding an sich' im Identitätssystem des Ich untergegangen, weil der Produzent selbst zum Ding an sich verdinglicht ist. Die unbedingte Bedingung der Möglichkeit aller Dinge ist selbst ein Ding unter anderen: Der Begriff habe die Realität erst ganz begriffen, wenn er sich ganz realisiert habe, und er verwirkliche sich erst ganz als Begriff, indem er die Realität ganz begreife. Die Realität, an welcher der Begriff teilhat, wenn er sich realisiert als Begriff-von-etwas, ist für Hegel dieselbe wie jene, die er als ganze begreift.

Der abstrakte Geist werde konkreter Teil der Wirklichkeit gerade dadurch, daß er der Inbegriff aller Wirklichkeit wird und umgekehrt. Der Begriff habe teil an der Wirklichkeit, wenn diese am Begriff teilnehme, und die Realität sei begriffen, wenn der Begriff sich realisiert habe. Wenn der Begriff das Ganze begreift, muß er auch begreifen, daß und wie er es begreift. Aber der Begriff vom Begriff, der sich begreift, indem er das große Ganze begreift, und die Welt erfaßt, indem er sich selbst erfaßt, ist zweideutig, und Hegel ist dieser Zweideutigkeit nicht immer entgangen. Er will nicht wahrhaben, daß jeder Begriff, der aufs Ganze geht, außerhalb dieses Ganzen bleibt und es um etwas ergänzt, was zusammen mit dem Ganzen nun ein noch größeres Ganzes bildet, welches seinerseits zu begreifen ist. Der Inbegriff des Ganzen ist Teil eines anderen Ganzen als jenes Ganzen, das er begreift. 'Das Ganze ist das Wahre' ist unwahr, weil es Ganzheiten ganz unterschiedlicher Größe, Potenz und Mächtigkeit gibt. Jedes Ganze wird ergänzt durch seinen individuellen Inbegriff, mit dem es nicht zusammenfällt, sondern eine neue Ganzheit bildet, die sich deshalb noch nicht begriffen hat, sondern ihren Begriff sucht. Der Begriff, der aufs Ganze geht, geht deshalb auch schon über das Ganze hinaus, und jenes Ganze, an dem auch sein Begriff noch teilhat, hat nicht an diesem Begriff teil.

Der Hegelsche Begriff will in ein und demselben Griff sich selbst begreifen als jenen Teil des Ganzen, der das Ganze begreift, und als jenen Teil des Ganzen, der mit dem Ganzen mitbegriffen ist.

Sich selbst begreifen und das Ganze begreifen wird dasselbe, weil das Selbst als Teil des Ganzen Inbegriff des Ganzen und nur als Inbegriff der Welt ein kleiner Teil der Welt ist.

Das meint Hegel mit dem obersten Grundsatz der Dialektik von der *Identität der Identität und der Differenz* von Ich und Welt, von Sein und Bewußtsein.

Philosophie verkommt in dieser Situation zur Einzelwissenschaft vom großen Ganzen, und die Vermittlung aller Teilgebiete wird zum Teilgebiet, wie die Allgemeinbildung das hochgezüchtetste aller Spezialgebiete für Experten ist, wo jeder ein Fachmann für irgendetwas wurde.

Die Stellung der Philosophie zu den Spezialwissenschaften ist Reflex der je erreichten „Stellung des Gedankens zur Objektivität" (Hegel), des Ganzen zu seinem Inbegriff. An der Philosophie bewahrheitet sich als erstes, was sie selbst lehrt : Der Inbegriff des Ganzen ist Teil des Ganzen unter anderem, und jener Teil ist als individueller Inbegriff vom Ganzen Außenseiter des Ganzen. Anstoß fürs Philosophieren heute ist nicht nur das 'unglückliche Bewußtsein', als Bewußtsein vom Ganzen aus diesem Ganzen herausgefallen zu sein, sondern gerade das vergleichsweise glückliche Bewußtsein, Teil des Ganzen zu sein und in ihm aufzugehen. Dieses glückliche Bewußtsein muß als unglückliches erlebt werden, und Philosophen sind in ihrem professionell unglücklichen Bewußtsein ganz glücklich. Im Ganzen eingespannt, sind sie mit ihm zerfallen. Je stärker die reale Ohnmacht, desto wilder die imaginäre Allmacht, und nur Reflexion kann den Philosophen vor Omnipotenzphantasien bewahren — obwohl nicht jeder Außenseiter schon die Innenseite der Innenseite gesehen haben muß, um Außenseiter zu werden.

Der Philosoph darf das Ganze in seinen Zusammenhängen begreifen wollen, aber wenn er sich beklagt, dadurch gerade draußen zu stehen, fern von dem, was er begreifen soll, dann bürgert man ihn wieder ein, wenn er zugibt, ein nur einseitiges Bild von der Innenseite zu geben.

Sich engagieren heißt, Teil des zu begreifenden Ganzen werden und es nicht mehr als Ganzes übersehen, während der philosophische Begriff des Ganzen außerhalb des Ganzen steht.

In diesem Jahrhundert ist die im Anschluß an Transzendenzprobleme auftauchende transzendentale Kernfrage der Philosophie am entschiedensten von Edmund **Husserl** herausgearbeitet worden. – Nicht umsonst knüpft Husserl bei Descartes und Kant an. *Intentio recta* ist naiv an den ihr spezifisch gegebenen Gegenstandsbereich hingegeben. Erst die philosophische *intentio obliqua* reflektiert darauf, wie ich auf was (und wozu) intentional gerichtet bin. Husserls Größe könnte darin liegen, daß er Kants transzendentales Subjekt der reinen Apperzeption rekonstruiert und das intelligible Ego als jene Instanz legitimiert, die nicht durch Anschauungen zu Begriffen kommt, sondern umgekehrt durch Begriffe zur Anschaulichkeit, um ihren Gegenstand zu erreichen, indem er dieses transzendentale *Ego cogito* säuberlich von jenem empirischen Ich trennt, das von der reinen Egoität erst konstituiert werde und geradehin Wissenschaft betreibe an beliebigen Inventarstücken der Weltvorkommnisse.

Aber Husserl will nicht wahrhaben, und darin dürfte seine Grenze liegen, daß das intelligible Ich mit seinen konstituierenden Leistungen selbst eine innerweltliche Faktizität hat, auch wenn diese nicht zusammenfällt mit den von ihm erst konstituierten Fakten. Es ist keine jener Fakten, die es allererst begründet, aber *daß* und wie es sie begründet, ist eine Tatsache, die es nicht selbst begründet hat. Die vom *Ego cogito* begründeten und die von ihm unbegründbaren Tat-Sachen hängen zusammen, ohne identisch zu sein, es sind Tatsachen verschiedener logischer Reflexionsstufe. Und nicht erst die vom Ich konstituierten Fakten sind Bestandteile der allen gemeinsamen intersubjektiven Welt, sondern auch diese transzendentalen Subjekte in transzendental konstitutiver Funktion. Husserl kann die Intelligibilität nicht von der Welt tangiert und begrenzt sehen. Husserl wird nicht müde zu beteuern, und Heidegger ist ihm hierin gefolgt, daß das Ich, um nicht von seiner Faktizität in der Welt ereilt und verschlungen zu werden, nichts als die synthetische Einheit seiner Funktionen sei, Welt zu setzen in ihren Fakten.

Teil der Welt soll das Ich erst als konstituiertes sein und nicht schon als weltkonstituierendes. Wie kann das Ich Bestandteil der Welt sein, bevor es diese Welt intentional begründet hat?

Alle Gedanken Husserls sind „Cartesianische Meditationen". Bewußtsein ist Bewußtsein von etwas, von der Sache selbst, deren Existenz 'probeweise durchgestrichen und eingeklammert' werden müsse, um das Wesen der gemeinten Sache selbst *rein anschauen* zu können. Zurück zu den Sachen selbst, heißt die Parole, und Husserl muß einen gigantischen transzendentalen Subjektivitätsaufwand treiben, um die empirisch subjektive Zutat von der Sache selbst abzulösen. Es sieht so aus, als werde dabei aber die Welt nicht vom Ich verschlungen, auch nicht diesem Sinne, daß das transzendentale Ich eine Welt bestimmt, von der das empirische Ich bestimmt wird. Bei Husserl ist das Objekt dem Subjekt transzendent und wird weder aus subjektiver Immanenz herausgesponnen noch darin aufgelöst. Das Subjekt sei auch kein Fakt wie sein Objekt, sondern nichts als eine exzentrische Intention auf sein Objekt hin. Seine Innerlichkeit sei kein Behälter, in dem das Objekt aufbewahrt werde, sondern bestehe darin, draußen beim Objekt zu sein. Aber unabhängig vom Subjekt sei das Objekt gerade innerhalb des Subjekts, das außerhalb seiner selbst beim Objekt sei. Die Immanenz des Ich sei seine Transzendenz, wenn es über sich hinausgehe, um seinen Gegenstand zu erfassen, aber die Transzendenz des Gegenstandes gegenüber dem Subjekt entfalte sich erst inmitten der transzendierenden Immanenz der Subjektivität.

Die Transzendenz des Objekts wird von der Selbsttranszendenz des Subjekts konstituiert. Dem Subjekt transzendent ist ein Objekt gerade *in* einem Subjekt, sofern dieses Subjekt sich auf das Objekt hin transzendiert und nichts ist als diese seine Selbstüberschreitung.

Innerhalb des Subjekts ist das Objekt gerade außerhalb des Subjekts, weil das Subjekt gerade in sich bleibt, wo es außerhalb seiner selbst beim Objekt ist. Das intelligible *Ego cogitans* konstituiert bei Husserl die Welt im Ganzen, also auch sein eigenes empirisch vorfindliches Vorkommen in dieser Welt. Aber konstituiert es auch, *daß* es sich selbst samt der Welt konstituiert? Einmal konstituiert es sich als Teil der Welt. Teil der konstituierten Welt ist das Ich aber gerade als weltkonstituierendes. Ist das Ich bestimmt von der Welt, die es selbst bestimmt, oder bestimmt es eine Welt, von der es bestimmt wird? Für Husserl kann das Ich nicht ganz von dieser Welt sein, wenn diese ganz von Gnaden des Ich ist. Dem transzendentalen Ego wird alle Faktizität aberkannt und logisch entzogen außer der einen, alle Fakten zu seinen Artefakten zu machen. Die Bedingung der Möglichkeit aller Dinge ist für diesen protestantisch Konvertierten die Bedingung der Unmöglichkeit, eines dieser Dinge selbst zu sein. Das transzendentale Ich müsse allem Empirischen, also auch und gerade dem empirisch konstatierbaren Ich, strikt transzendent sein, um den Kosmos des Erfahrbaren konstituieren zu können. Um der Konstitution der Sachen willen verschwindet es hinter den eigenen sinnstiftenden Leistungen. Die *res intentionalis* ist der *res extensa* so extern und transzendent wie nur die *res cogitans* der *res corporea* bei Descartes.

Es war seinem rechtslastigen Schüler **Heidegger** vorbehalten, das transzendentale Ich als 'In-der-Welt-sein' wieder in das „Seiende im Ganzen" einzubürgern, ohne es zu einem 'innerweltlich Zuhandenen' und 'faktisch Vorhandenen' zu machen. Die Existenz der Gegenstände, die Husserl opfert, um deren Wesen weniger zu begreifen als anzuschauen, wird bei Heidegger zur menschlichen Existenz selbst, und das weltsetzende Ich wird wieder in die Welt gesetzt und ist doch kein Ding unter anderen Dingen.

Darin, daß das menschliche Dasein seine eigene Subjektivität ist und zu sein hat, ohne sie selbst herstellen zu können, ähnelt es den von ihm konstituierten Gegenständen, die sich auch nicht selbst konstituieren können. Diese konstitutionelle Impotenz aber hindert die menschliche Existenz und das nach Heidegger 'nicht-daseinsmäßige Seiende' nicht, onto-logisch unterschiedlichen Typs zu sein, obwohl Heidegger mehrfach betont hat, daß die 'ontologische Differenz von Sein und Seiendem' und die von Dingen und Menschen nicht identisch sei mit der logischen Differenz zwischen Begriff und Gegenstand, von Wesen und Existenz, Menge und Element, Form und Inhalt.

Das menschliche Dasein 'entwirft' bei Heidegger wie ein Ingenieur oder Architekt den 'Sinn des Seins des Seienden im Ganzen' und den Seinssinn seiner selbst, aber es könne nicht entwerfen, *daß* es diesen Sinn entwerfe. In dieses Sinnentwerfen sei die menschliche Existenz 'geworfen' (und könne das nur frei übernehmen oder versäumen) wie ein Fisch ins Wasser. Dieses Sinnentwerfen selbst habe keinen Sinn, da jeder Sinn vom Dasein eigens zu entwerfen sei, wenn er gelten solle. Geworfen ist das Dasein bei Heidegger also nicht in die Welt als ein beliebiges Seiendes unter anderem, sondern auch und vor allem als weltentwerfendes Vermögen. Die Ohnmacht und Endlichkeit des Menschen, sie liege nicht nur und nicht primär darin, benommener Teil der Welt zu sein und in seinem Sinn von anderen Menschen entworfen zu sein als ein *Man-Selbst*, sondern in der Unfähigkeit, sein Entwerfen seiner selbst und der Welt eigens selbst entwerfen zu können. Der Mensch sei Produkt seiner selbst, besser ein Projekt seiner selbst, aber diese Selbstproduktion und Selbstprojektion sei nicht sein eigenes Projekt und Produkt. Er ist nach Heidegger

75

nichts als die Möglichkeit, Macht über alles zu haben, auch über sich selbst, sofern er ein Wesen unter anderen ist, aber es fehle ihm die Macht über diese Macht. Es ist ihm unmöglich, nicht diese Möglichkeit seiner selbst und aller Seinsentwürfe zu sein. Er versteht alles außer der Tatsache, *daß* er alles Selbstverständliche selbst verstehen könne und sich auf alles verstehe.

Die Unverfügbarkeit seines Dass sei dem Menschen in den Stimmungen 'erschlossen'. Diese Befindlichkeiten zeigen mir nicht, wo ich mich als ein Wesen unter anderen in der Welt befinde, sondern daß ich nichts vermag über mein wesentliches Vermögen, Möglichkeiten in die Welt zu setzen. Ich verstehe, und in meine Verständigkeit habe ich mich hineinzufinden, sie ist mir vorgegeben. Heideggers ständige Abwehr, 'ontologische' Befunde mit 'ontischen' zu verwechseln, hat hier ihren Grund in einer Ontologisierung der Typentheorie Russells, wenn man so will. − (Weder deutsche noch französische Heideggerianer werden das wollen.)

Wenn meine 'Faktizität' nicht darin besteht, ein Einzelfaktum in der Welt zu sein, die ich entwerfe und deren Entwurf ich bin, sondern dies mein weltprojizierendes Wesen nicht abschütteln zu können, ohne mich aufzugeben, dann erschließt mir auch meine Angst, auf die Heidegger so großen Wert legt, meine Nichtigkeit nicht als verlorenes Stäubchen im All, sondern als Unfähigkeit, über meine Naturbeherrschung Herr zu werden. Diese Selbstbeherrschung gilt für ein psychophysisches Individuum, aber nicht als Wille zur Herrschaft über alles. Bei Nietzsche hat Heidegger gelernt, daß er nicht kein Machtwille sein (wollen) könne. Die Angst enthülle mir nicht, daß ich ein bedrohtes Seiendes unter anderem bin, sondern gerade, daß ich es nicht bin und daß weder ich noch ein anderes Seiendes mir etwas sein können. In der Angst werde mir klar, daß ich nicht nur Seiendes bin, sondern nichts als das Projekt, alles Seiende zu entwerfen und entwerfen zu müssen.

Ich kann mich selbst beherrschen, aber nicht, *daß* ich mich und alles beherrschen wolle. Die europäische Philosophiegeschichte deutet Heidegger als 'Verfallsgeschichte von Seinsvergessenheit', weil der Mensch jenes Seiende sei, das alles Seiende auf sich beziehe und zurückführe, aber dabei verdränge, *daß* er in aller Präpotenz ja nicht aus sich ableiten könne, alles Seiende samt seiner selbst aus sich abzuleiten. Ich sei darauf zurückgeführt, alles auf mich zurückführen zu müssen. Ich sei nicht nur ins Seiende, sondern ins Entwerfen alles Seienden in seinem Sinn hineingeworfen, und dieses Werfen *habe* keinen Werfer, sondern *sei* selbst der Werfer, aber das Geworfensein ins Entwerfen sei und habe keinen Werfer mehr, da Gott selbst nur entworfen sei. Das menschliche Dasein kann nicht ins Entwerfen geworfen sein vom Seienden, dessen Sinn es ja erst entwirft. Was mich ins Entwerfen des Seienden werfe, nennt Heidegger 'Sein' oder 'Seyn'. Es ist bei Heidegger völlig konsequent weder entworfen noch entwerfend oder geworfen und 'erworfen', sondern verstanden als das 'Woher des geworfenen Entwurfs', 'dem es in seinem Sein um dieses selbst geht'. Die Gegenstandsstufe 1. Ordnung nun nennt

Heidegger : Substanz, Seiendes, Anwesendes, auch Vorhandenes, Zuhandenes etc.

Das 'Sein' fungiert als Metastufe dazu, und das 'menschliche Dasein' wird vorgestellt als ein 'ontisch-ontologisches' Seiendes. Wenn die menschliche Existenz als Metastufe zweiter Ordnung auftritt, wird das 'Sein' die Ontologisierung der dritten Metastufe über dem 'nichtdaseinsmäßig Seienden' und 'menschlichen Dasein' (das sind Subjekt und Objekt in traditioneller Terminologie).

Der 'existenzielle Sinn' des Todes nun besteht für Heidegger nicht darin, daß wir sterben wie alle Lebewesen, sondern keine Macht haben über unsere Macht über alle Seinsmöglichkeiten des Lebens. In gewisser Weise entwerfe ich, sobald ich den Sinn des Seienden entwerfe, immer mit, daß ich nicht entwerfen kann, alles entwerfen zu können oder nicht. Weil ich Entwurf *sei*, könne ich nicht nichts entwerfen. Der Tod wird von daher denkbar als ständige Möglichkeit der Unmöglichkeit aller weiteren Möglichkeitsentwürfe. —

Sicher ließe sich die Seinsgebundenheit an die Seinsentbundenheit, die Bindung an die Selbstentbindung, auch bestimmen ohne begrifflichen Rückgriff auf so etwas wie preußische Todesbereitschaft.

Schelling nannte das „Dass der Vernunft" die Mutter Natur im Unterschied zu ihren natürlichen Kindern, Heidegger nannte das „Dass der Existenz" die in den Stimmungen erschlossene Faktizität des menschlichen

Daseins im Unterschied zu dem innerweltlich real existierenden Ich und Nicht-Ich. Erst der viel spätere Heidegger entdeckte in Schelling wieder, was er sich an Mutter Natur entdeckt hatte im 'Sein des Seienden', im ‚Da des Daseins‘, in dem Mutter Natur für die menschliche Existenz ganz da ist. Um nicht bei Marx zu landen, paraphrasiert der späte Heidegger dann den späteren Schelling der Freiheits-Schrift von 1809.

Was bei Schelling noch transzendent(al)es Übersich-hinausgehen ist, wird bei Heidegger zeitgewinnendes 'Sichvorwegsein'. Was da ganz aus sich herausgeht, indem es sich vorweg existiert (und vor sich wegläuft), ist *als* diese Selbsttranszendenz in die Welt eingebunden und nicht schon vor dieser Selbstüberschreitung als Ding unter Dingen vorhanden. Das 'In-der-Welt-Sein des Sichvorwegseins' ist kategorial von ganz anderer onto-logischer Ebene als das 'innerweltliche Vorhandensein' eines Objekts, welches gerade nicht sich auf sich selbst hin entwirft. Fakten, menschliche Projekte und Faktizität menschlicher Projektionen sind drei verschiedene, säuberlich auseinanderzuhaltende, aber im Menschen zusammenspielende Logos-Stufen. Was bei Heidegger ‚Entwurf‘ und bei Sartre 'projet' genannt wird, ist eigentlich psychologische Projektion.

Es werden Weltbilder auf die weiße Leinwand des Todes geworfen; der Mensch projiziert sich in Mitmenschen, in denen und bei denen es ihm um sein eigenstes Sein gehe. Eigentlich projektiert und projiziert das Menschenkind bei Heidegger aber sich auf Mutter Natur (und die 'Lichtung' ihrer platonischen Leibeshöhle). Bei B. Russell entsprechen den drei Ekstasen Heideggers, Seiendes, Dasein und Seyn, eben die drei logischen Typen und 'Klassen' : Individuen, Begriffe, Urteile über Begriffe. So hat der Begriff eine genuine Individualität, ohne aber eines der von ihm begriffenen Individuen zu sein. Objekt, Begriff und Urteil kommen da nicht wie Hegel im vernünftigen *Schluß* zum Schluß.

Die Selbstüberschreitungen sind kein regressus in infinitum, sondern ein regressus ad mortem bei Heidegger. Die Geworfenheit ins Entwerfen der Geworfenheit läßt sich nicht mehr entwerfen, sondern ist Geworfenheit in das 'Sein zum Tode'. Gegenwart entwirft den Abschluß der Vergangenheit in der Zukunft und öffnet diese Ganzheit zugleich wieder für neue Ganzheiten. Existenz als Entwurf des 'eigensten Ganzseinkönnens' nimmt teil an den bereits bekannten Paradoxien von Einheit und Ganzheit und AllgemEinheit.

Heidegger will die zweite Meta-Stufe, die Existenz, daran hindern, sich mit der ersten der vorhandenen und zuhandenen Dinge zu verwechseln, aber auch die dritte Meta-Stufe daran hindern, als menschliche Machenschaft zweiter Meta-Stufe mißverstanden zu werden. Die Meta-Stufen sollen nie an die nächstniedrigeren 'verfallen'. Das Sein sei kein menschliches Produkt, und die menschliche Existenz möge bitte nicht sich selbst versäumen im 'bloßen Besorgen des innerweltlich Seienden'. Nach der 'Kehre' erst entdeckt Heidegger die 'zweite Ousia', die zweite Substantialität menschlicher Subjektivität : Der Begriff entdeckt seine Ergriffenheit, aber nicht durch begreifbare Objekte.

Was der späte Heidegger „Ding" nennt, ist nicht mehr das, was in „Sein und Zeit" von 1926 Zuhandenes und Vorhandenes genannt wird, sondern hat etwas zu tun mit der Faktizität des Menschen, der vollendete Tatsachen schafft.

Das Ding spiegelt bei Heidegger, *daß* der Mensch gleichsam keine Macht gewinnt über seine Macht über alles Seiende, daß er nicht von Objekten überwältigt wird, sondern von seiner Gewalt gegen die Welt. Das 'Ding' ist die Faktizität zweiter Ordnung des innerweltlich Seienden. Es hat den ganzen Prozeß von Selbst und Ganzheit hinter sich und in sich, es ist ganz reflexiv, sofern es totalitär ist, und umgekehrt.

Der kunstgewerbliche Terminus 'Entwerfen' suggeriert ein Mittleres zwischen praktischen und theoretischen Intentionen, zwischen Konstruktion und Schöpferkraft, zwischen Konzeption und Kreation.

Wenn der Mensch ‚entwirft', wird er zum Designer seiner selbst, auch wenn er nach Heidegger die Sprache, das 'Haus des Seins', nicht selbst entworfen hat.

Wir entwerfen nicht unser Ende aller Entwürfe mit, aber dessen Unentwerfbarkeit. Der Tod wirft uns aus der Geworfenheit ins Entwerfen wieder heraus, und dieser Auswurf ist gleichsam immer mitentworfen. — Die Lösung des sich verabsolutierenden Subjekts aus der Übermacht der Natur und der Übernatur habe sich in Nietzsche vollendet, in dessen Konzept eines Willens zur Allmacht des Subjekts. Was gegen diese

Emanzipation des Subjekts für Heidegger spricht, ist kein moralischer Einwand gegen Hybris, sondern das Bedenken, daß diese Emanzipation ihr Ziel nicht erreichen könne. Der 'Wille zur Macht' ende an der Ohnmacht gegen diese Allmacht, an der ontologischen Unmöglichkeit, Herr zu werden über das Projekt, Herr über alles und über sich zu werden. Das allmächtige Subjekt ist ohnmächtig genug, keine Mauer bauen zu können, die es selbst nicht mehr überschreiten könne, weil ich nicht wollen kann, nicht alles können zu wollen und wollen zu können. Da ich als Kind meiner Zeit unfähig geworden bin, nicht zu allem fähig zu sein, da er nicht anders kann, als immer auch anders zu können und zu wollen, da er nicht den Grund dafür legen kann, *für* alles den Grund zu legen, ist der Wille zur Macht unfreiwillig gerade der Wille zur widerwilligen Allmacht der Ohnmacht und zur Impotenz der Omnipotenzphantasien. Von daher verliert Heideggers 'Sein' einiges von seinem mystischen Mysterium und von seiner tautologischen Banalität, die ihm oft vorgerechnet wurden. Der Begriff wird zum Angriff, Übergriff und Vorgriff, der nicht auf das 'Seiende im Ganzen' reduzierbar ist, sondern diesem immer schon ‚vorweg' läuft. Die Transzendenz des Seins gegenüber dem Seienden im Ganzen ist eine des logischen Typs von Urteilsformen.

Das Dasein existiere nicht sich vorweg, über sich hinweg, wie Gott über seine Welt, sondern wie die Zukunft über die Gegenwart hinaus ist. Die konstitutionelle Nichtidentität des Ganzen mit seinem menschlichen Inbegriff ist Differenz des Begriffs zu sich selbst : der

Begriff begreift sich nicht selbst beim Begreifen von allem. Heidegger zieht es vor, Verstand zu verstehen als Vermögen, sich auf etwas zu verstehen; das klingt praktischer, obwohl Hegels „Begriff" doch auch genug Griffigkeit assoziiert hatte. Die reflexive Selbstaufstufung des Menschen über das von ihm entworfene Seiende im Ganzen ist bei Heidegger die 'Zeit'. Die zeitliche Selbstüberschreitung faßt er als 'Sichvorwegsein beim Tode', und später ist dieser Tod eingetreten, wenn ich an Mutter Natur wieder zum Grunde gehe bei meinem allzu 'ekstatischen Ek-sistieren'.

Ich bin bei Heidegger so wenig nur in der Zeit wie in der Welt, sondern die Zeit entsteht in mir, wenn ich mich 'zeitige' und mir vorweg lebe. Die Nichtidentität von Begriff und Existenz werde beim Menschen eine Ek-stase: das Verstehen des Ganzen samt meiner selbst ist mir und dem Ganzen entrückt und immer schon vorweg. Das Ganze samt seinem Selbstverständnis ist eine Teilganzheit, die wieder durch neues Selbstverständnis ergänzt werden muß, wenn sie nicht selbstverständlich sein soll; das Ganze transzendiert sich unablässig selbst, und das heißt für Heidegger Leben und Ek-sistieren : Seinen Begriff entwerfen, sein Selbstverständnis dem Ganzen des Seienden vorwerfen im 'Gewissen'. Der Tod wird dann die Vorwegnahme der dem Leben größtmöglichen Ganzheit, welche nicht durch weitere Vorgriffe ergänzbar ist, die transzendentale Bedingung der Möglichkeit aller zeitlich vorgelagerten und entwerfbaren Ganzheitsmöglichkeiten und fortschreitenden Selbstergänzungen.

Das Ganze muß zeitlich abgeschlossen sein, bevor es einen Begriff von sich gewinnt. Der Begriff vom Ganzen ist immer Vorgriff auf ein nie mögliches Ganzes aller Begriffe vom Ganzen der Möglichkeiten. Der Tod bei Heidegger ist Kants *regulative Idee*?

1. Meta-Stufe : Seiendes, Zuhandenes, Vorhandenes, Substanz, Faktum, Objekt …
2. Meta-Stufe : Da-sein, Existenz, Subjektivität, Verstehen, Entwerfen, Entschlossenheit, Bedingung, Selbstbegründung, Machtwille …
3. Meta-Stufe : Faktizität, Befindlichkeit, Stimmung, Erschlossenheit, Angst vor (dem) Nichts, Tod, Gewissensschuld, Ganz-sein-können, Sein, Ding, Geviert …

Zuerst war die Selbstzeitigung, 'Zeitlichkeit' des Lebens die Bedingung der Möglichkeit dafür, daß jedes 'Ganz-sein-können' immer wieder neu um seinen Begriff, um den Vorgriff auf sein Selbstverständnis, ergänzt und erweitert wurde. Alles passiert zeitlich nach und nach und doch zugleich immer schon gleichzeitig.

Später wurde *Raum* geschaffen für einen Begriff außerhalb des Ganzen, jenseits der Kugel des Seienden. Das Ganze als ganzes eröffnet beim späten Heidegger sein Jenseits zwar noch im Tod, aber die Existenz geht, wenn sie zugrunde geht, eben zum Grunde an Mutter Natur, regrediert in die 'Lichtung' des Mutterschoßes, der ihr Grab wird.

Im Mutterschoß der Physis werden der Ursprung und das Endziel eins, und immer geht es Heidegger, erst im philosophischen Begriff, dann im Denken ans Kunstwerk, um die Seinsart 3. Ordnung : nichtsubstantielle Substantialität der menschlichen Subjektivität (die die zweite Meta-Stufe einnimmt und als solche die erste Ebene des nur Seienden entwirft). Dasein sei nie dem vorweg, sich selbst vorweg zu sein. Die Selbsttranszendenz ist nicht transzendierbar und dem Dasein nicht transzendent. Nie bin ich darüber hinaus, über mich und alles andere hinaus zu sein, um das zu sein, was ich sei. Das ist die Anthropologie der unmöglichen Anthropologie : Die Natur des Menschen bestehe darin, kein Stück Natur zu sein. Mein Wesen sei kein Ort in einer kosmischen oder göttlichen Hierarchie mehr, keine Planstelle in der Weltordnung, sondern vorgegeben sei mir nur, daß mir nichts vorgegeben ist, und festzustellen an mir sei bestimmt nichts anderes, als daß an mir nichts Bestimmtes festzustellen ist.

Die Unmöglichkeit jeder Anthropologie wird jenseits des Humanismus zu einer Meta-Anthropologie : Es ist Schluß mit dem *animal rationale* und *zoon politikon*, mit dem *ens creatum* und Homo Faber.

Bei Heideggerschüler **Sartre** degeneriert die Freiheit, dieses 'Loch im Seinsgewebe', nicht zu einer bloßen Schwarzwaldlichtung mitten in Paris. Wenn bei Sartre der Mensch zur Freiheit von allem Seienden verurteilt ist, dann kennt auch Sartre die drei Meta-Stufen des Seienden, der menschlichen Freiheit davon und der Verdammung zu dieser Freiheit. Die Verdammung zur Freiheit vom Sein ist etwas fundamental anderes als kausale Determination eines Seienden durch anderes.

Die Verurteilung zur Freiheit vom Sein ist keine Verurteilung der Freiheit durch das Sein und zum Sein unter anderem. Auch umgekehrt ist natürlich die Determination des Menschen durch Milieu und Erbgut getrennt durch den Abgrund einer Meta-Stufe und Metaphysik von der Verurteilung des Menschen zur Freiheit von Milieu und Erbgut, ohne daß diese rechtskräftige Verurteilung nun aufhören würde, eine wirkliche Determination und empirische Konditionierung zu sein. 'Verurteilung zur Freiheit' wegen welcher Straftat und absolute Absolution von welcher Schuld? Sartre ohne „Über-Ich"? Wenn ich Freiheit bin, bin ich nicht mehr so frei, unfrei zu sein : Ich bin freiwillig unfrei und unfreiwillig frei. Wenn ich frei bin, dann unfreiwillig, und wenn ich unfrei bin, dann deshalb, weil ich es so wollte. Ich bin frei von allem für alles, außer davon, daß ich frei bin, und außer dafür, daß ich nicht frei bin.

Das Sein dieser Freiheit von allem Sein und für alles Sein gehört nie zum Sein, wovon und wofür ich mich befreie bei Sartre. Unbesteigbar sei ein Berg nur für den, der ihn besteigen wolle. Sartre pointiert die Anwendung der Russellschen Paradoxien auf die menschliche Existenz, aber Verdammung zur Vertreibung aus dem Paradies des Mutterschoßes für welche Erbsünde? Wenn ich mich und das Sein überschreite, liege ich wirklich hinter mir, ich bin 'de-passe', meine Vergangenheit bestimmt mich bei Sartre nicht mehr. Was mich bestimmt, ist die Unfähigkeit, bestimmt zu werden, ohne der zu bleiben, der sich bestimmen, entlasten und entschuldigen lassen will durch Determinanten. Man könnte sagen, daß bei Sartre die Freiheit Herr wird ihrer

Verurteilung zur Freiheit *von* allem und *für* alles. In der
Selbstbeherrschung gibt es bei dem Cartesianer keinen
Knecht. Ich müsse schon frei sein, um mich auch nur
befreien zu können, und frei sei ich, um mich nicht von
der Freiheit vom Schicksal befreien zu können. Ich bin
bei Sartre so zur Freiheit verurteilt, wie ich bei Heidegger ins Entwerfen geworfen bin, aber für Sartre
entwerfe ich noch die Geworfenheit ins Entwerfen,
während ich für Heidegger ins Entwerfen aller Gewor-
fenheiten 'erworfen' bleibe. Sartre will frei bleiben
selbst für die Verurteilung zu seiner Freiheit, nach ihm
bin ich frei dazu, nicht unfrei sein zu können. Die
Existenz gehe gut anti-scholastisch der Essenz voraus
und produziere sie selbst, aber daß sie ihr vorausgeht,
gehe der Existenz voraus. Daß die Essenz Ausfluß der
menschlichen Existenz ist, sei Ausfluß einer Quintessenz des Lebens, nämlich dieser Verdammung zur
Selbstabsolution von allen Urteilsverkündungen.

Heidegger und Sartre unterscheiden sich auf dieser
Ebene der Betrachtung nicht dadurch, daß beim Deutschen der menschliche Entwurf nicht von seiner Geworfenheit loskomme, während beim Franzosen gerade die Freiheit sich löse vom Wurf in die Welt. Es
könnte auf den ersten Blick so aussehen, als realisiere
und wiederhole die Heideggersche 'Ek-sistenz' nur ein
gewesenes Wesen, während der Existenzialist sein
begreifliches Wesen erst selbst erfinde statt vorfinde.
Wir halten diesen Unterschied für ein bloßes Mißver-
ständnis : Bei Heidegger wiederholt die Existenz keine
(vorgegebene) Essenz, sondern holt ihre eigene 'Exis-
tenzialität' immer wieder neu hervor. Sie kommt zwar

ständig auf gewesene Möglichkeit zurück, aber eben auf die ewige Möglichkeit des Entwerfens aller Möglichkeiten. 'Eigentlich' komme ich stets darauf zurück, alles selbst entwerfen zu können und zu müssen, statt mich entwerfen zu lassen, — also auch entworfen zu haben, daß und wie ich mich entwerfen und verwerfen und bewerfen, durcheinanderwerfen und rauswerfen lasse. Entwerfe ich meine Geworfenheit, entwerfe ich kein innerweltliches Bauobjekt, sondern übernehme nur eigens, daß ich Entwurf meiner Welt bin. Entwerfen heißt hier mitentwerfen, *daß* ich das Entwerfen nicht eigens entwerfen kann. Wenn ich meine Geworfenheit ins Entwerfen entwerfe, entwerfe ich gerade nicht, daß ich alles entwerfe, sondern daß ich nicht selbst entwerfe, alles selbst zu entwerfen. Auch bei Sartre gehört die Übernahme der Verurteilung zur Freiheit von allen Beurteilungen zur Freiheit selbst. Befreie ich mich von Tatsachen, komme ich nur auf die Tatsache zurück, frei von allen vollendeten Tatsachen sein zu müssen, also eine stets unvollendbare Tatsache sein zu dürfen.

Ich realisiere die vorgegebene Essenz, keine Essenz verwirklichen zu müssen. Besteht mein Wesen darin zu begreifen, daß ich es erfinden muß, statt vorfinden zu dürfen (oder erfinden zu dürfen und nicht entdecken zu müssen), dann finde ich mein Wesen vor, es zu erfinden und nicht nur zu enthüllen. Wenn das Individuum aber dabei seinen Allgemeinbegriff kreiert, also den seiner Klasse oder der Menschheit und des Humanismus, dann setzt es sich als einziges Element seiner Klasse oder definiert die Individuen mit, die zu seiner sozio-logischen Klasse gehören. Meist wird übersehen, daß das Individuum seinen Allgemeinbegriff erfindet, wenn die menschliche Existenz ihr Wesen schafft. Die Kritik Adornos an Hegel und Kierkegaard zugleich, an Begriffsphilosophie und Existenzphilosophie, setzt hier an. Das begriffsschöpferische Individuum sei blind dagegen, immer bereits vom 'objektiven Geist' längst begriffen, also die bloße Individuation eines kalkulierten Gemeinwohls zu sein. Gerade der Selfmademan sei ja Produkt gesellschaftlicher Imperative und kein Produzent seiner sozialen Objektivität.

Die Notwendigkeit der Naturkausalität verhält sich bei Sartres Option für die humane 'Antiphysis' wie ein hypothetischer Imperativ : Wenn X, dann notwendig Y, aber ob X herrsche, hänge von mir ab und sei nicht wieder Folge von Y oder Z. Kein X oder U könne mich zwingen, Y zu wollen, aber wenn ich das Ziel wolle, müsse ich die Ursachen als Mittel wählen, es als Wirkung dieser Mittel zu erreichen. Die Zielprojektionen seien notwendige Folgen von Ursachen in Gegenwart und Vergangenheit, genauer : nicht die Projektionen, sondern ihre Realisierungen. Die Projekte und Projektionen seien umgekehrt die Ursachen dafür, daß die Ursachen zu Mitteln werden, um die Ziele Wirklichkeit werden zu lassen. Die Wirkung sei die Ursache der Ursachen, und die Ursache sei Wirkung der Wirkung, wenn die menschliche Teleologie die Naturkausalität in Dienst nehme, in aller technischen Zweckrationalität, die Habermas an Sartre rügen wird. Sartre liebt es, von der Notwendigkeit der Zufälligkeit aller Notwendigkeiten in Logik, Natur und Gesellschaft zu sprechen. In diesem Knäuel von Modalitäten verbergen sich wieder die drei erwähnten Meta-Ebenen einer Metaphysik, die keine sein will, weil die Transzendenz durch die Selbsttranszendierung des Subjekts ersetzt ist.

Aber daß alle Kontingenzen notwendig kontingent sind, ist selbst nur so zufällig, wie es notwendig ist, daß die Natur- und Sittengesetze zufällig notwendig gelten. Die Selbstbefreiung vom Schicksal ist unser Schicksal, die Befreiung von allen Zwängen ist zwingend, und die Entbindung vom Mutterschoß der Natur ist *natürlich* ein Hineingeborenwerden in den Sozialuterus der Kultur. Die Abnabelung wird ihr eigener Schoß beim Menschen, und wir wohnen in der Permanenz unserer Selbstentwöhnung.

Wer ist es, der bei allem existenzialistischen Entwerfen und Geworfensein denn nun eigentlich wirft? Wer oder was ist es, der mich wofür 'zur Freiheit verurteilt'? Weder das Jüngste Gericht noch ich selbst. Bei Heidegger und Sartre bin ich gerade als Weitwerfer und Architekt meiner selbst, als Konstrukteur meiner selbst oder des Seinshauses, ein feministischer *Wurf* der Mutter Natur − ganz ohne Vater und Gatten.

Das Sein definiert das Bewußtsein, aber das Bewußtsein definiert, daß und als was es sich vom Sein definieren läßt. Was mich aber bestimmt zum Selbstbestimmen dessen, als was ich bestimmt bin, ist bei Heidegger wie bei Sartre weder das bestimmendbestimmte Subjekt noch das bestimmt-bestimmende

Objekt. Ich bin nicht durch mein Objekt dazu bestimmt, meine Bestimmung durchs Objekt selbst zu bestimmen oder durch das Bestimmen des Objekts selbst bestimmt zu sein. Aber ich forme mich auch nicht selbst dazu, das Material zu formen, von dem ich geformt werde, obwohl ich die Dinge dazu ausbilde, mich zu bilden. Warum aber ist die Notwendigkeit der freien Möglichkeit aller Notwendigkeiten nicht selbst wieder bloß zufällig und frei gewählt?

Wenn ich nicht anders kann, als mein Wesen zu erfinden, also meinen Begriff von der Welt in die Welt zu setzen, also in meiner Person die Gesellschaft zu definieren und in der Gesellschaft mich selbst und meine Differenz zu anderen Gesellschaftsmitgliedern, dann definiere ich die Allgemeinheit auf allen Ebenen der Abstraktion und Spezifikation. Definieren heißt, den nächsthöheren Gattungsbegriff zu bestimmen und die spezifische Differenz zu gleichartigen Mitindividuen, also auch und gerade den Begriff vom Begriff, den sich die Definition anderer Menschen von meiner Selbstdefinition macht – und auch umgekehrt.

Heidegger ist den Antinomien der Totalität enthoben, weil er das Ganze nicht aus den Teilen, sondern die Teile aus dem Ganzen versteht. Da die Vernunft bei Kant in Widerstreit mit sich selbst gerät, sobald sie die Totalität ihrer möglichen Gegenstände vergegenständlicht, ist das „Seiende im Ganzen" bei Heidegger kein vernünftiges Thema für die Vernunft, sondern nur Stimmungssache. Die „Stimmung" geht auf das Ganze, auf das die Vernunft nicht gehen kann. Der *regressus in infinitum* war schon bei Kants erstem Kritiker *Maimon* kein Regress der Vernunft auf ein absolutes Unendliches, sondern eine Regression auf die bloß subjektive Einbildungskraft, auf die Fähigkeit also, sich einen Gegenstand auch ohne dessen Gegenwart vorzustellen.

Wo es ums Ganze gehe, werde die Vernunft nicht unvernünftig, sondern gerate in Widerspruch nicht mit sich selbst, sondern mit der Imagination, die Kant als gemeinsame Wurzel von Verstand und Sinnlichkeit verstand und ein Sartre später als Grund der Kunst. In Heideggers Kant-Buch von 1929 stellt diese transzendentale Einbildungskraft, die sich ein Bild vom Ganzen vor allen Teilen macht, kein Abbild von den Erfahrungsgegenständen her, sondern stellt ein Vor-Bild für deren Gegenständlichkeit selbst auf und raumzeitlich vor sich hin, als Zukunftsprojekt, in dessen Licht die Phänomene „sich von ihnen selbst her zeigen können in dem, was sie je selbst sind."

Der Weg von Kant über Maimon zu Heidegger ist ein Weg von den Antinomien der selbstbestimmten Vernunft über ihren Konflikt mit der subjektiven Einbildungskraft zur unvernünftigen Stimmung. Natur und Welt und Seele sind bei Kant noch Vernunftideen, bei Maimon pragmatische Forschungsfiktionen der schöpferischen Phantasie und bei Heidegger kein Gegenstand des Verstandes, sondern ein Zustand der Vernichtungsangst. Die Einbildungskraft, die bei Maimon der Vernunft widerspricht, hat Fichte einfach zur Vernunft selbst erklärt. Die Vernunft des deutschen Idealismus ist die Narrenfreiheit der bloßen Einbildung:

Adorno verstand sie ganz konsequent als Wahnsinn, der sich seine eigene Welt baut, und in Heideggers Befindlichkeit Angst sah er nur Sozialklaustrophobie.

Für Heidegger sind Stimmungen und Gefühle Enthüllungen des „Seienden im Ganzen". In der „Grundbefindlichkeit" der Angst werde das Seiende im Ganzen samt der menschlichen Existenz „genichtet", und das „Entgleiten" des Ganzen sei die Ankunft des „Seyns" selbst. Schon bei Kant geht der Gedanke auf das Wesen und das Gefühl auf die Existenz der Dinge. Aber für Kant ist es nicht das Gefühl, sondern die Vernunft, die mit sich in Widerspruch gerät, sobald sie die Totalität ihrer möglichen Gegenstände zu ihrem Gegenstand machen will, wenn die „sinnliche Mannigfaltigkeit" nicht unbestimmt gelassen, sondern potentiell unendlich groß wird. Der Verstand geht von einem Gegenstand zum anderen nach einer festen Regel, aber die Totalität der Bedingungen aller Dinge sei nicht selbst ein Ding unter anderen, sondern etwas ganz Unbedingtes.

Die Summe aller möglichen Zahlen ist nicht selbst eine Zahl. Ein Individuum wird angeschaut und gefühlt, mehrere Individuen werden unter ihrem Begriff gedacht, und die Summe aller Erfahrungsobjekte ist unerfahrbar. Die „Welt" habe weder einen Anfang noch keinen Anfang und sei weder erschaffen noch unerschaffen, da sie kein möglicher Erfahrungsgegenstand sei. Das Ganze möglicher Gegenstände ist bei Kant ein ganz unmöglicher Gegenstand und das Innewerden des Seienden im Ganzen auch bei Heidegger ein Bewußtsein von einem Seienden unter anderem. Kants Vernunftschluß von der Totalität aller Bedingungen auf ein Unbedingtes wird bei Heidegger zur „stimmungsmäßigen Erschlossenheit des Seienden im Ganzen", zum „geworfenen Weltentwurf". Die vernünftige Selbstbestimmung des Subjekts ist hier in allen Teilen in eine unvernünftige Stimmung getaucht, bei der es nicht um Übereinstimmung mit einem Gegenstand oder um wahre Zustimmung zu ihm geht, sondern um Übereinstimmung aller Gegenstände in einer „Befindlichkeit des In-der-Welt-seins".

Nach Sartre verhält sich Heidegger zu Husserl wie Spinoza zu Descartes, und tatsächlich sind Strukturanalogien zwischen Heideggers griechen-deutscher „Physis" und Spinozas unbiblischem „amor Dei sive naturae" unübersehbar. Es geht nicht nur um fassadäre Korrespondenzen, daß es Heidegger in seinem Sein um dieses selbst geht wie Spinozas *sese-conservare* und daß Stimmungen nicht durch Vernunft, sondern nur durch Gegenaffekte aufgehoben werden können.

Die Gründe, aus denen gute Philosophen den unchristlichen Katholiken Heidegger heute rechts liegen lassen, ähneln den Gründen, aus denen Rabbiner drei Jahrhunderte früher am Apostaten Spinoza vorübergingen. Heideggers ungeschicktes „Seynsgeschick" abstrahiert nur vom vermeintlich ermordeten biblischen „Herrn der Geschichte" und rehabilitiert das blinde neopaganische Schicksal.

Konsequentes Märchen

Nach dem Abitur machte er gar nichts mehr, seit der Reifeprüfung hat er nie mehr etwas getan (was für die Gesellschaft von irgendeinem Nutzen gewesen wäre), weil die Schulzeit ihn übermäßig beansprucht und ausgelaugt hatte. Der Primus wollte, anders als seine Mitschüler, weder Arzt noch Lehrer noch Jurist oder Ähnliches werden. Während der Schuljahre hatte er sich für Physik interessiert, aber Wissenschaftler wollte er auch nicht mehr werden, seit er Philosophen gelesen hatte.

Der Gymnasiast hatte sehr früh *Dichter und Denker* für sich entdeckt, als noch niemand in seiner Umgebung diese Namen je gehört hatte und mehr als diese Namen von ihnen wohl je kennenlernen würde. Es gab auch von Pädagogen keine Anregungen dazu. Er hatte Autoren wie Sartre, Heidegger und Adorno, Martin Walser, Arno Schmidt, Mallarmé und Valéry neben Hölderlin und Rilke auf eigene Faust für sich aufgetan, aus dem Nichts einer ursprünglichen Intuition und Wahlverwandtschaft heraus. Vielleicht hatte seine Neugier in der kleinen Stadtbibliothek zufällig einige Seiten von diesen Verfassern überflogen, und der Funke war übergesprungen und zündete, das Feuer würde bis zum Lebensende nie mehr erlöschen. Es war die pure Gegenwelt gegen die monoton behütende Enge des proletarischen Elternhaushalts. Es war für ihn nicht einmal die große weite Welt in diesen Werken, sondern das Universum selbst

– gegenüber dem winterlich vereisten Balkonklosett daheim.

„Die Philosophie hat Sie verdorben", hatte sein naiver Deutschlehrer zu ihm gesagt. Wer nur in solchen Büchern lebt und sie blutig ernst nimmt, baut sich keine standesgemäß abitur-affine Erwerbskarriere mehr auf und gründet nicht einmal mehr eine eigene Familie, wenn er die Herkunftsfamilie verlassen hat. Er ist für diese Welt verloren und wird ein *Sonderling,* wie seine Mutter voll düsterer Vorahnungen klagte, also ein bestenfalls harmlos sanfter Spinner, wenn er kein Verbrecher wird. Er nutzte aber die akademische Freiheit und studierte auf der Universität Germanistik und Philosophie, ohne einen praktischen oder theoretischen Beruf anzusteuern.

Er war ja nicht faul, sondern las fleißig viele wissenschaftliche und literarische Werke, aber nur für sich selbst, nicht für eine gesellschaftliche Nützlichkeit und künftige Erwerbsarbeit. So machte er sich langsam zu einem gebildeten Autodidakten, aber zu keinem hoffnungsvollen Examenskandidaten, um einst einen gutbürgerlich mittelständischen Familienhaushalt gründen zu können. Dieser geborene Tunichtgut rutschte nicht unfreiwillig in diese Sackgasse ab, sondern steuerte diesen Sonderweg mit nachtwandlerischer Sicherheit instinktiv an, als käme für ihn letztlich von Geburt gar nichts anderes in Frage.

Er konnte gar nicht anders, wenn er sich nicht permanent vergewaltigen wollte, und brauchte nur eine überlebensfähige materielle Basis dafür. So wählte er keinen qualifizierenden Ausbildungsberuf mit jahrelanger Lehrzeit und Abschlussprüfung, sondern nur Anlernberufe ohne Zukunftsperspektive. Er suchte zeitlebens rare Drückeberger-Nischen in der harten festgefügten Konkurrenzwelt. Selbst die krisensichere Beamtenlaufbahn, in der depressive Gemüter unterzukriechen pflegen, die den industrie-kapitalistischen Stress scheuen, schien ihm noch zu mühselig, um noch genügend viel Zeit und Kraft für sein *wahres Leben* nach Feierabend übrig zu lassen, fürs Lesen und Schreiben von abseitigen Büchern, die kaum jemand lesen würde und ganz an gängigen Leser-erwartungen seiner Epoche vorbeikonzipiert waren. So versuchte er, in halbstaatlichen Organisationen unterzukommen, um Alltagsprivilegien von akademi-schem Personal mitgenießen zu können, in Gentech-nik und IT-Sicherheitsinstituten, die einem Privat-wirtschaftsstress weniger unterworfen waren, weil sie von staatlichen Aufträgen und Subventionen lebten.

Dort leistete er als Assistent für Akademiker subalterne Hiwi-Dienste, aber der Büchernarr hasste auch diese Tätigkeiten so sehr, dass er sie nur gerade ausreichend gut erledigte und zuweilen zu mehr Einsatz ermahnt werden musste, zu etwas mehr „Drive". Vergeblich: Der Arbeitseifer langte nie zu Gehaltsaufbesserungen. Diese Aushilfsjobs mit ihren Kärrnerarbeiten waren nicht weniger anstrengend als die anspruchsvollen Edelberufe, vor denen sie Zuflucht bieten sollten, und ungleich schlechter dotiert und angesehen. Diese kleine Leseratte hat nie eine wirklich windstille Nische in der Hochleistungsgesellschaft gefunden, anders etwa als sein bewunderter Paul Valéry, der Privatsekretär eines Diplomaten im Pariser Kriegsministerium geworden war mit zwei Arbeitsstunden täglich, die ihm genügend Muße für ein geistiges Leben ließen. Dieses Glück hatte er nie. Er rieb sich auf in lächerlichen Positionen, bis sein Körper ihm den Gefallen tat zu streiken. Da er es nicht schaffte, diese ebenso erschöpfenden wie sinnlosen Beschäftigungstherapien selber aufzukündigen, um ein ungewisses Bohème-Leben in Armut zu wagen, nahm sein malträtierter Körper ihm diese mutige Entscheidung schließlich gnädig ab und kollabierte, bis er erwerbsunfähig wurde. Nur um den Preis einer unheilbaren, unsimulierbar chronischen Krankheit erlaubte die Gesellschaft ihm sein ersehntes Leben als erfolgloser Literat in privatgelehrter Muße. Natürlich konnte er auch nicht einmal notdürftig leben von den Büchern, die er schrieb und die kaum einen Verleger und ein Publikum fanden. Er schrieb immer entschiedener für die Schublade, erst trotzig zerknirscht, dann immer selbstbewusster und am Ende ebenso kostenlos wie unverkäuflich im *Selfpublishing*. Das war ihm ehrlich gleichgültig. Eine kleine Liebhabergemeinde von Individualisten fand der essayistische Individualist, der keinen Nerv der Zeit treffen wollte und keine Kritiker auf sich aufmerksam zu machen wusste, gestützt von keinen Institutionen und auch von keinen Organisationen geschützt. Das war ihm recht, auch wenn sein Misserfolg keine Genialität beweisen sollte. Er schrieb nur Dinge, die die Gewissheiten, Dogmen und Vorlieben seiner Epoche nicht einmal widerlegten oder irritierten oder auch nur lächerlich machten, sondern schlichtweg ad absurdum führten.

Kurz : Er schrieb an seiner Zeit vorbei, unter sie hinweg, unterirdisch wühlend oder unterseeisch tauchend. Die Zeit sollte mit etwas weniger gutem Gewissen an ihren Selbstsicherheiten und Trivialitäten festhalten dürfen.

„Gott ist Geist" und hat diesen ebenbildlichen Geist parakletisch begleitet und ermöglicht, vielleicht auch nur toleriert, insgeheim vielleicht wohlwollend nach Kräften ermuntert, wer weiß. Nicht die *invisible hand* der Wohlstandsgesellschaft, sondern allein der Geist Gottes gab ihm ratlose proletarische Eltern, die in unerklärlich liebender Geduld alles mittrugen, was ihnen wie ein unerwartetes Scheitern erscheinen musste. – Sie brüteten dieses ihr kleines Klassenbewusstsein sprengende Kuckucksei in ihrem arm(selig)en Nest aus und fütterten das schwarze Familienschaf mit durch, warfen es wenigstens nie aus dem brutwarmen Nest, hielten die Tür immer geöffnet für den verlorenen Sohn. Sie wussten nicht, was er mit sich herumtrug, aber halfen dem Hilflosen immer wieder auf die Beine und ließen ihn nie fallen. Ein proletarisches Nest erfüllte seine vornehmste Aufgabe vorbildlich, so etwas wie einen *proletarischen Intellektuellen*, diese Utopie, nicht verkommen und untergehen zu lassen. Das war sicher mehr, als ein akademischer Mittelstandshaushalt geschafft hätte. Gott war wohl streckenweise mit dieser Familie und ihrem ohnmächtig missratenen Sohn, für den seine Mutter sich gegen den Stiefvater immer eingesetzt hatte, die einzige Frucht der einzigen Liebe ihres Lebens, bis sie ums aufopfernde Leben betrogen es sich am Ende nahm. Eine todtraurige Geschichte.

Betagte im Alltag

Für den Steh- und Gehbehinderten gehen die Dinge
noch nicht ihren Rollstuhlgang, aber wie geht es ihm,
und wie weit kommt er ohne Hilfe, z.B. in einer Stadt
wie B.? Muss er auf die Freuden der Selb-Ständigkeit
verzichten? Endet seine Welt an der Wohnungstür
oder erst an der Stadtgrenze?

Er kann an einem beliebigen Vormittag im Gerichts-
gebäude einen Prozess von der Besuchertribüne aus
kostenlos verfolgen : Leben live. Danach setzt er sich
im Sommer vielleicht ein bisschen in den kühlen
Dom, bevor er zur Stadtbibliothek hinüberschlendert,
ausliegende Monatszeitschriften und Tageszeitungen
im Lesesaal durchblättert, ein neuerschienenes Buch
ausleiht und dann hinübergeht zur Bank, wo er Geld
abhebt und Kontoauszüge prüft.

Ein paar Schritte sind es nur bis zum Café mit Blick
auf die belebte Geschäftsstraße, wo Menschen zu
Sehenswürdigkeiten werden. Mit dem Handstock
unterm Hintern durchstöbert er die Buchantiquariate
der Warenhäuser. Er bummelt herum und bewundert
Frauen und Gemälde im großen Kundenraum der
Bank und fährt mit der Straßenbahn gemächlich nach
Hause zurück.

Friedlich und heiter ist dann das Rentenalter, hätte Hölderlins Lebensabendphantasie gelautet, wenn er ausdauernder gewesen wäre : Rent a life. Nach dem Arbeitsweltuntergang ist der Rentner kein Erwerbstäter mehr, sondern endlich ein (gewerbe)freier Mann, der nun freier Künstler werden kann und wurzelloser Intellektueller. Das Leben rentiert sich auch und gerade als Rentier, vulgo Rentner, und der Rentenkünstler bevorzugt die Stilrichtung des frühen Invalidismus : Alles so ungültig wie er selbst. Das Leben nimmt er sich nicht, aber das Arbeitsleben. Er ist noch ganz von dieser Welt, aber nicht von dieser Arbeitswelt. Die Karawane lässt er an sich vorüberziehen ohne Bedauern, ein kinderschrecklicher Jung-Opa mit Krückstock und verbitterter Anhänger des Rheumaterialismus, ein unnützer Mitesser, also *mehrwertlos*.

Wer dauernd weitergehen muss, weil er nicht länger als zehn Sekunden auf seinen Beinen stehen kann, wer sich ständig setzen muss, weil er nicht länger als zehn Minuten gehen kann, und wer sich ständig wieder hinlegen muss, weil er nicht länger als eine Stunde auf seinem eigenen Hintern sitzen kann, der ist nicht einmal ein Gegen-Stand der Wissenschaft und Technik, sondern hat keinen Stand-Punkt und *steht* im Gegen-Satz zu den Grund-Lagen der Kultur.

Er besucht kostenlos die Sparkasse, diesen Prachtpalast des Zahlungsverkehrs und eine Luxusgeldfestung. Überhaupt sind alle Bankhäuser und Kreditinstitute ja noch weitgehend unbekannte und stadttouristisch wenig erschlossene Geheimtipps, wenn anregende

Beschaulichkeit mitten im Citytrubel gesucht wird. Die pompös ausgestatteten Schalterhallen sind geräumig und kundenverkehrsbelebt genug, um dort gerade als kontoloser Müßiggänger nicht aufzufallen.

Von einem der komfortablen Sessel aus und ohne den Bankservice in Anspruch zu nehmen, kann der kostenbewusste Stadtbummler hier beliebig lange ungestört sehen und hören, ohne gesehen und gehört zu werden. Mitten im modernisierten Leben ist er Zuschauer des Lebens und hat sein interesseloses Wohlgefallen an allem : Das nutzlos Schöne hier kann er genießen, weil er es nicht braucht, aber wehe dem, der hier verschuldet ist.

Der silbergraue Panther, mehr grau als Panther, sieht gepflegte Nutzmenschen kommen, handeln und gehen, er belauscht Schaltergespräche und bewundert schöne Frauen vor und hinter den Schaltern. Seine Aktenmappe hat er auf die Knie gelegt, das Papier und Schreibzeug in der Hand täuschen das Ordnen gewichtiger Bankangelegenheiten vor. An Kundentischen liegen stets reichliche Notizblätter für den Schriftsteller, der nicht auf Wertpapier schreibt und seine Eindrücke dennoch frisch festhalten will.

Der Künstler kann die Bankhallen ohne Aufwand für seine eigenen Zwecke sehr gut zweckentfremden und missbrauchen. Airconditioning im Sommer, Heizung im Winter, gedämpfte Geräusche, schallschluckende Auslegeware, Stahl und Panzerglas schmeicheln den zu Hause weniger gewohnten Sinnen.

Niemand vom Personal wird es wagen, den seriösen Bankkunden vom bloßen Bankbummler zu unterscheiden und unhöflich mit ihm zu verwechseln. Auch für Gespräche zu zweit lässt sich diese Oase gepflegt vibrierender Ruhe jederzeit frequentieren. Ein ganz einfacher Anzug von der Stange schon verleiht dem Edelpenner ein kontofähiges Outfit und eine kreditwürdige Immunität gegen unsichtbare Rausschmeißer. Das Bankgeheimnis, innerhalb der Bank eine Parkbank zu finden, bleibt gewahrt.

Aber E. A. Poes „tägliches Bad in der Menge" ist nicht nur vom Sessel aus zu nehmen; ebenso kostenlos ist Rolltreppenfahren in den Großwarenhäusern. Fabrikneue Remittenden und hochwertige Ladenhüter und billige Mängelexemplare, Taschenbücher, Hardcover-Ausgaben und kostbare Bildbände liegen nicht nur in Ausverkaufszeiten zu Ramschpreisen auf den Grabbeltischen der Modernen Antiquariate. An den Büchertischen stehen allerdings in der Regel leider keine Sitzgelegenheiten für den weniger eiligen Besucher, der lieber Leser als Kunde sein will.

Daher empfiehlt es sich für den Steh- und Gehbehinderten, stets seinen Handstock als Hinternstütze bei sich zu führen, am besten eines der rasch zusammenklappbaren Teleskop-Modelle aus dem Medizinischen Warenhaus, wahlweise 31 oder 36 Inches lang. Zusammengeklappt ist „Oldie's little helper" in der Aktentasche diskret transportierbar und mit einer einzigen Handbewegung in einen Handstock zu verwandeln. Mit dem Klappstock unterm Hintern hat der

Bummler beide Hände frei für lustvolles Kramen auf
Bücherwühltischen und für anderes, was immer sich
nur im Stehen erledigen lässt.

In Sekundenschnelle lässt sich aus dem Handstock ein
Melkschemel oder ein Regisseurstühlchen zaubern,
wenn die Beinchen nachgeben wollen und man seinen
Mann stehen soll. Wo das Standbein fehlt, lässt sich
das Wasser auch lassen, wie es Frauen tun.

Der Behinderte trage stets einen guten Anzug und
seine Aktenmappe bei sich mit griffbereiter Grund-
ausrüstung : Regenschirm und Klapphandstock, Brief-
tasche mit Geld und Ausweisen, Notizbuch und Plas-
tiktüte, Ersatzbrille und Taschenmesser, etwas Ess-
bares, seine Dauermedikamente und unauffällig ein-
nehmbare Coffein-Tabletten gegen die Verlegenheit
des kleinen Schwächeanfalls, der in jedem Moment
uns überfallen kann auf diesen City-Safaris, besonders an feuchtwarmen Tagen im Menschengewühl.

Erste Selbsthilfe bieten je nach Art des Grundleidens
der schnelle Schluck aus dem hochprozentigen
‚Flachmann' oder die Diazepam-Tablette im Hand-
gemenge, wenn das Knie weich wird, das Herz rast
und das Schwindelgefühl naht. Auf in den Kampf mit
Klappstock und Coffein-Tabs in der Aktentasche, auf
zum Coming-out des medizinischen Nesthockers!

Er verfügt über beliebig viel Zeit und beliebig wenig
Geld. In regelmäßigen Abständen sucht er die Ober-
bekleidungsabteilungen der großen Warenhäuser heim

und probiert in den Ankleidekabinen beliebig viele Anzüge und Mäntel an, ohne sich schnell für Erwerb zu entscheiden. Stets wird er die Sonderangebote der Woche und Preisbrecher des Monats auch und gerade außerhalb der Schlussverkaufszeiten verfolgen. Erst bei Preisstürzen über 50 Prozent wird er zupacken.

Er kauft nicht teuer, was er zu brauchen sich heute einredet, sondern kauft morgen billiger, was er erst übermorgen brauchen wird an ‚heißen Knüllern‘. Er ist ausstaffiert mit ebenso spottbillig auslaufenden wie qualitativ hochwertigen Mode-Hits von vorgestern, der mündige Marktforscher und Aasvogel der Großkaufhäuser.

Danach geht der hochneurotisierte Kreislaufschwächling nicht ins Café, um einen starken Kaffee zu trinken, sondern nimmt sein Coffein ein, um ins Café gehen zu können, wie er ja auch nicht nur zum Arzt geht, um sich Tranquilizer verschreiben zu lassen, sondern auch sein Benzodiazepin erst einnimmt, um überhaupt zu diesem Arzt gehen zu können.

Die Sitzgelegenheiten in den Banken sind kostenlos, die Beobachtungsposten in den Cafés nicht ganz so kostenlos. Für einige Mark kann der müde Rentenflaneur sich an einem Glas Tee oder an ⁻einer Flasche Cola beliebig lange festhalten, warmsitzen, Zeitungen lesen, Notizen und Beobachtungen machen und Gespräche belauschen. Was das leibliche Wohl betrifft, gilt die Faustregel: Trink in Cafés und iss zu Hause, wenn dir deine Rente lieb ist. Wer sein Butterbrot in der Aktenmappe vergessen hat und trotzdem nicht zum Essen heimfahren will, kann in Bistros preiswerten Imbiss zu sich nehmen. In der Innenstadt gibt es hier und da einige Gaststätten mit verbilligten Mittagstischen für den, der aus gesundheitlichen Gründen den Stehimbiss meiden muss, den er aus finanziellen Gründen bevorzugen würde. − Schweinefleisch wird auch der Nichtkoschere meiden, wenn er die werktätigen Beitragszahler noch recht lange ärgern will, weil ihm sein langes Leben lieb ist. *Wie geht's, wie steht's?*

Der verrentete Nestflüchter ist per Straßenbahn rasch bei einer Tasse Kaffee im großen Flughafenrestaurant des Empfangsgebäudes, mit Panoramablick auf die an- und abfliegenden klimaschädlichen Kunstvögel. Reicht die Tafel Schokolade in der Aktentasche nicht aus, ist hier ein Salatteller oder Heringstopf zu bekommen. Ein Bankschalter ist dort auch an Feiertagen geöffnet für Geldabheber. Aus den tiefen Sesseln der Flugschalterhalle wird kein Müßiggänger vertrieben, der nur die Globetrottel mit den bunten Flugreisekoffern beobachten will und sich freut, dass er zu Hause bleiben darf.

Viele hochgepriesene Lokalberühmtheiten sind oft bloße Übersehenswürdigkeiten. Sich schenken kann er die Besichtigung so überbewerteter Objekte wie die Weinschunkelsäle mit gemeinschaftsbildenden Langbänken, Zwangsführungen durch Museen und Straßenzüge voll kunstgewerblichem Neppkitsch. Am Rathaus ist einzig bemerkenswert die Steinfigur des Aristoteles.

Abends, wenn er sich kräftiger fühlt als in der ersten Tageshälfte, kann er unentgeltlich oder zu ermäßigten

Preisen Vorträge und Lesungen einer Kulturprominenz besuchen, die er sonst nie zu hören und zu sehen bekäme. Auf Anfrage versorgt der Fremdenverein ihn lebenslang und regelmäßig monatlich mit Vorankündigungen von Kulturereignissen, oft zusammen mit kostenlosen Eintrittskarten. Obwohl viele Kulturveranstaltungen gerade der anspruchsvolleren Sorte durch den Rentenausweis sich verbilligen, sind Filme, Schauspiele und Musikdarbietungen für den kreislaufschwachen Zeitgenossen bequemer im Fernseher zu genießen als in mitmenschelnden Kinos, Theatern und Konzertsälen.

Kostenlose Sitzplätze im Warmen bieten nicht nur alle Banken und Sparkassen, sondern auch und vor allem alle Kirchen der Stadt, selbst für den armen Sünder, der keine Kirchensteuer mehr zahlt – noch immer Freistätten und ‚Sanktuarien' auch für den Gottverlassenen. Die kühlste Geräumigkeit gerade in schwülen Sommermonaten bietet der große Dom mit seinen schattigen Sitzbankreihen.

An manchen Tagen wird es der ewige Wochentagsurlauber vorziehen, stundenlang ziellose Spazierfahrten zu machen, mit Bus und Bahn kreuz und quer durch das gesamte Stadtgebiet. Eine weitere dankbar registrierte Rentneroase sind die Stühle in den Buchhandlungen. Niemand wird ihn stören und vertreiben, wenn er, hinter angeblätterten Büchern gut versteckt, Käufer und Verkäuferinnen beobachtet. Und muss er am Ende mal etwas kaufen, nimmt er ein platzsparend billiges Reclam-Heftchen.

Die gutbesuchten Schalterhallen und Kundentische des Hauptpostamtes laden den, der auf Anschlussbahnen wartet, zum ruhigen Verweilen ein. Auch die Vorhallen der größeren Luxushotels sind ausgezeichnete Rast- und Observierungsposten für materialsuchende Rentenartisten.

Die Innenstadt bietet auch kostenlose Vormittage auf den Besuchertribünen des Gerichtsgebäudes, also öffentliche Gerichtsverhandlungen. Der Rechtsvoyeur kann am Schwarzen Brett zwischen den interessantesten Angeboten des Tages wählen. Crime & Sex, wie das Leben so spielt und verspielt wird, lebensnah wie das Fernsehgericht. Hier wird über ganze Leben entschieden, das Jüngste Gericht en bloc et en miniature, und gleich dahinter liegt das Untersuchungsgefängnis für Männer. Richtet, wie ihr gerichtet werden wollt: Auf diesen Besuchertribünen geht es meist interessanter zu als im Parlament gegenüber. Der unbeteiligte Prozessbeobachter freut sich, weder Richter, Opfer, Angeklagter oder Zeuge zu sein noch Staatsanwalt, Polizist oder Schöffe, vom Gerichtsdiener ganz zu schweigen.

Sobald der unternehmungslustig behinderte Senior das Haus verlässt, legt er über sein Zielgebiet ein unsichtbares Gedankennetz möglicher ‚Stütz-Punkte', die eher Sitzpunkte als Standpunkte sind. Er ist buchstäblicher *sesshaft* als jeder gesunde Pfahlbürger, mit Sitz und Stimme in allen Banken und Bibliotheken, Gerichtssälen und Cafés, Flughafenhallen und auch Kirchenschiffen.

Wo sich der graue Flaneur auch gerade befindet, er
bricht von seinem jeweils letzten Rastplatz nie auf,
ohne im Kopf bereits die Reihe der nächstmöglichen
Landeplätze vorauszuplanen, im Aktionsradius seiner
schwachen Beinchen, um nicht sich und Mitpassanten
durch Schwächezustände in Verlegenheit zu bringen.
Er steht nicht an Bushaltestellen sich diese Beine in
den Bauch, er wartet nur an Haltestellen mit wetter-
überdachten Sitzbänken. Und Bildergalerien selbst in
günstiger Lage sind meist nur Stehplätze für ihn.

Grau ist alle Theorie vom Panther, aber nicht sein
Alltag. Das wichtigste innerstädtische Tagesreiseziel
des geistig unbehinderten Invaliden ist die zentrale
Stadtbibliothek, mit ihren Leseräumen und Bücher-
etagen strategisch sehr günstig gelegen zwischen den
Sesseln mehrerer Banken und Cafés. Für wenige
Euro jährlich ist hier jedes Buch entleihbar, durch das
ein Rentenempfänger sich zum Kulturträger weiter-
entwickeln kann, ohne wieder rentenbeitragspflichtig
zu werden. Er kann beliebig tätig werden, wenn er nur
nicht erwerbstätig wird. Das Geschrei der Stadtteilbib-
liothekare über Etatkürzungen ist ein Klappern, das zu
ihrem Handwerk gehört. Das Dienstleistungsangebot
war in den vergangenen Jahren ohnehin wasserkopf-
lastig geworden und sollte sich gesundschrumpfen.
Man muss kein CDU-Wähler sein, um in einer Leih-
bücherei so wenig die Leserberatung durch Sozial-
arbeiter zu suchen wie im Warenhaus eine Kunden-
beratung durch hilflose Verkäuferinnen. Im Übrigen
verstehen Bibliothekare von ihren bedruckten Papier-
bergen in aller Regel ebenso viel wie Buchhändler,

nämlich so gut wie gar nichts. Der Benutzer öffentlicher Bibliotheken braucht keine kostspieligen Autorenlesungen oder gar Kinder-Sonderbetreuungskräfte, Roman-Interpretationsabende und Stadtteil-Subkulturarbeiter, ABM-Kulturinitiativkomitees und anderen modeteuren Schnickschnack, sondern einfach nur mehr Bücher und weniger Bibliothekare.

Wer an Büchern interessiert ist, sucht sie ebenso übersichtlich wie zahlreich in Regalen aufgereiht und wird sich schnell selbst ohne große Entmündigungshilfe zurechtfinden. Analphabeten sind auch durch Vorlesetanten, Textaufbereitungsautomaten und Leser-Buch-Bindungsfördervereine nicht von Smartphones oder Comic-Heften wegzulocken.

+ + +

Geist und Zeit

Vorsokratische Naturphilosophen lebten wieder auf im Antischolastiker und Renaissance-Ideologen Francis Bacon, auf den sich während der Aufklärung Lichtenbergs Positivismus und Kants Prototypisierung der Naturwissenschaften beriefen.

Gerhard Neumanns "Ideenparadiese" (1974) datierten das deutsch-aphoristische Jahrzehnt (etwa 1798-1810) von Kants "zweiter kopernikanischer Wende" zum intelligiblen Ego cogito her. Objektive Tatbestände verbergen gattungsspezifisch transzendentale Subjektivitätsstrukturen, die in Kants *Kritik der Urteilskraft* "ästhetische Ideen" kreierten, Keime auch der frühromantischen Fragmente.

Den Kritizismus Kants radikalisierte Fichte zu einem subjektiven Idealismus, der die praktische "Tathandlung" als eine Emanzipation von allen Tatsachen und die künstlerische Einbildungskraft als absolute Abstraktion von allen objektiven Fakten feierte, aber doch noch einen äußeren Anstoß brauchte, den die romantische Ironie des magischen Idealisten Novalis schon entbehren konnte. Der transzendentale Zirkel von Ich und Nicht-Ich zerbrach an diesen inneren Widersprüchen in unzählige frühromantische Fragmente, die dann Hegel durch eine eigens dazu ersonnene "objektive" Dialektik systematisierend wiedereinfangen wollte. Adorno bewies ein Jahrhundert später, dass

Hegels alles integrierendes Geistessystem gesprengt wurde von den gleichzeitig übersubjektiven und über-objektiven Aphorismen, zu deren Bändigung diese trinitarische Dialektik ersonnen worden war. Diesen Vorrang des systemsprengenden Aphorismus lernte Adorno nicht von Novalis, sondern von Nietzsche, der seinerseits vom heuristischen Forschungsaphorismus Lichtenbergs und von Larochefoucaulds psychologischem Salonaphorismus beeinflusst war.

Nietzsche rettete im Essay über das "Zeitalter der Griechen" die antithetische Gnomik Heraklits schon ganz im Sinne Adornos vor Hegels Systematisierungs-programm. Adorno war stärker geprägt von Nietzsche, der voreilige Synthesen immer wieder verwarf; sein Mentor Horkheimer eher geprägt von Schopenhauer, der Gracians "Handorakel der Weltklugheit" (1647) übersetzte.

Spinozist Lichtenberg wie auch Friedrich Schlegel, Nietzsche und Schopenhauer waren fasziniert von Nicolas Chamfort, dem bürgerlichen Opfer der Re-volution, die er aphoristisch vorbereitet hatte. Fr. Schlegel begann die "progressive Universalpoesie" seiner "Athenäum-Fragmente" als "Chamfortaden". Dieser Franzose sah sich als Synthese des pessimisti-schen Larochefoucauld, der seinerseits zusammen mit Theophrast die "Charaktere" Labruyères beeinflusste, und des optimistischeren Vauvenargues, der Voltaire beeindruckte. Aber diese Synthese erreichte wohl eher der sanftere Romantiker Joseph Joubert, der Canetti anzog. Der frühverstorbene, von Larochefoucauld und

Montesquieu beeinflusste Vauvenargues zog Lockes Einzelimpressionen und Pascals *esprit de finesse* des Herzens dem Zentralismus der cartesianischen Ratio vor. Der Herzog de Larochefoucauld, dessen melancholischer Geistesadel vor 350 Jahren den literarischen Aphorismus schuf, als er im Kampf gegen den absolutistischen Ludwig XIV. resignierte, gab die Entdeckung des Unbewussten weiter an den psychologischen Aphorismus Nietzsches, der damit Sigmund Freud beeindrucken konnte. Der Vater der Psychoanalyse fand, dass kein Mensch in der Selbsterkenntnis weitergekommen sei als Nietzsche. Dessen bewunderter Vorgänger Larochefoucauld war ein Kind des Jesuiten Gracian und des Anti-Jesuiten Pascal gewesen, also der spanischen "Handorakel", die über den ersten Politaphoristiker Perez das Stilvorbild in Tacitus hatten, und der jansenistischen "Pensées", die über Montaignes "Essais" (1580) sich vom konzisen Stilvorbild Senecas herschrieben.

Jean Pauls "Vorschule der Ästhetik" (1804) rehabilitierte den aphoristischen Witz der "Bemerkungen über uns närrische Menschen" als Konfliktentladung zwischen dem Endlichen und einem Unendlichen, das gleich nach Jean Paul entgöttert wurde.

Nietzsche und sein Lehrer Schopenhauer, die den Willen hinter dem Wissen und den Affekt hinter dem Intellekt achteten oder ächteten, waren inspiriert von den französischen Moralisten des 17./18. Jahrhunderts und von Lichtenberg, der sich herschrieb vom Antisystematiker Bacon und vom monado-logischen Pointillisten Leibniz. Lichtenberg zeugte Nietzsche und Karl Kraus, Nietzsche zeugte Ebner-Eschenbachs "Aphorismen" (1880) und noch Ernst Jüngers schneidige Kommando-Gnomik, Kraus zeugte Wittgensteins "Tractatus" und Canettis "Aufzeichnungen", Canetti ersetzte Kraus durch Joubert, Kraus zeugte auch Lec, und Stanislaw Lecs "Unfrisierte Gedanken" zeugten Gabriel Laubs "Verärgerte Logik" …

"Witz, wenn du dich in die Luft erhebst, wie stehen die Weisen und sehen dir nach." *(Heinrich von Kleist)*.

+ + +

Europäische Philosophie nach Klein Moritz

Alle tun so, als ob sie Wunders wie klug seien und über alles Bescheid wissen. Der griechische Philosoph Sokrates wusste nur, dass er gar nichts wusste, und dafür wurde er zum Tode durch den Schierlingsbecher verurteilt in Athen. Sein Schüler *Plato* war der erste Idealist. Sein ‚Höhlengleichnis‘ bedeutet, dass wir alle in unseren dunklen Höhlen sitzen und nie die Sonne sehen. Das heißt : Wir können nie die Dinge selbst sehen, sondern nur ihre Schatten an den Wänden unserer Gefängnisse. *Aristoteles* sagte, dass Kunstgenuss unsere Gefühle reinigt. Die *Epikureer* hatten es mit der Lebenslust und waren keine Kostverächter. Sie liebten das Fleisch im Bett wie im Topf und hatten kein schlechtes Gewissen dabei. *Stoiker* dagegen suchten nicht ihr Glück zu machen, sondern sich für das Unglück unempfindlich zu machen. Sie waren weiche Naturburschen, die sich immer weiter abhärteten, bis sie lebender Kruppstahl wurden.

Die Philosophen des Mittelalters waren reaktionäre Theologen und Pfaffen. Die Neuzeit begann mit dem Franzosen *René Descartes*, der die Analytische Geometrie erfunden hat. Er sagte: „Ich denke, also bin ich". Ich denke, er war zu verkopft und hat den Wert der Gefühle und Ahnungen unterschätzt und alles Irrationale. Spinoza war Pantheist : Gott wurde ganz natürlich und die reine Natur vergöttert von diesem ersten ökologischen Denker. Dafür wurde er rasch exkommuniziert.

Wer keinen Kunststoff und Kunstdünger benutzt, lebt im Einklang mit Gott und Natur. Unser *Leibniz* hat die Differential- und Integralrechnung erfunden und auch die Monadenlehre. Alles besteht aus Monaden, und wir leben in der besten aller möglichen Welten. Leibniz hatte Verstand und war zugleich ein unverbesserlicher Optimist. Das passt aber nicht zusammen.

Nach *Immanuel Kant* ist alles nur subjektiv. Das Ding-an-sich ist unerkennbar, und wir sehen die Welt nicht so, wie sie wirklich ist, sondern wie sie uns vorgemacht wird. Der ‚Kategorische Imperativ' besagt, dass die Pflicht vor dem Vergnügen kommt, und Kant war kein guter Philosoph der sexuellen Aufklärung.

Als Deutschland durch Napoleon besetzt war wie heute durch Amerika, wie manche sagen, hat der preußische Philosoph *Fichte* seine Reden an die deutsche Nation gehalten, um zum Widerstand aufzurufen.

Schelling war ein romantischer Naturphilosoph, *Hegel* war ein deutscher Idealist, und der preußische Geist regierte die Welt. Karl *Marx* musste ihn vom Kopf auf die Füße zurückstellen : Geld regiert die Welt und kein Geist. Das unbewusste Sein bestimmt das Bewusstsein und nicht umgekehrt. Die Geschichte ist keine Geistesgeschichte, sondern ein Klassenkampf um die materiellen Dinge im Leben. In Französischer Revolution haben die Bürger den Adel geköpft, und in der Russischen Revolution haben dann die Arbeiter wieder die Bürger erschossen.

„Proletarier aller Länder, vereinigt euch!"
Die Produktionsmittel müssen verstaatlicht und von
der Partei gerecht unter allen verteilt werden. Der
Gemeinsinn geht vor Eigennutz in der Planwirtschaft.
Leider sind die Proletarier heute selbst nur verbürgerlicht, statt die Kapitalisten zu enteignen. Die Linke
wollte sich mit dem „demokratischen Sozialismus"
von Moskau gegen den „US-Imperialismus" verbün-
den, für eine „echte Alternative" zum Establishment.

Schopenhauer war ein Pessimist, der von gesell-
schaftlichem Fortschritt gar nichts hielt. In einer von
atomarem Weltuntergang bedrohten Umwelt wird er
wieder sehr aktuell. Sein Schüler *Nietzsche* be-
kämpfte die Pfaffen und Philister. Er forderte mehr
‚Willen zur Macht' für ‚Übermenschen' wie ihn.

Die *Kritische Theorie der Gesellschaft* der Sozialisten
Adorno und *Horkheimer* hat die APO von 1968 tief
geprägt, als bloße Theorie ohne Praxisanleitung und
Bombenbaupläne aber dann doch viele enttäuscht.

Jean-Paul *Sartre* war ein roter Existenzialist, der auch
Theaterstücke schrieb, lebte ohne Trauschein mit der
Feministin Simone *de Beauvoir* zusammen und war
der gefesselte Philosoph absoluter Freiheit von allen
Zwängen. Er sagte: „Wir sind zur Freiheit verurteilt"
und schrieb dann das Schauspiel „Die Fliegen", wo
Reue und Gewissensbisse als überflüssig verteufelt
werden. Die Nachkriegsdeutschen fanden das sehr
gut und haben seine Thesenstücke viel gespielt.

Sokrates war ein griechischer Philosoph, der auf den Straßen Athens allen, die es nicht hören wollten, also allen Klugscheißern und Besserwissern sagte : „Ihr wisst alles, und ich weiß nur, dass ich gar nichts weiß." Dafür wurde er als Jugendverführer zum Tode verurteilt, man weiß nicht recht warum.

Sein Schüler *Platon* war der erste Idealist der Weltgeschichte. Er hatte eine gute Idee, die er durch ein dunkles *Höhlengleichnis* erhellte. Danach leben wir Menschen alle in unseren dunklen Höhlen und sehen niemals die Sonne, sondern immer nur die Schatten, die wir an die Wände werfen. Wir haben keinen Platz an der Sonne, sondern sitzen lebenslang nur im Schatten des Lebens. Dabei haben wir so manche Ideen im Kopf, aber sobald wir die verwirklichen, sehen sie in Wirklichkeit gar nicht mehr so gut aus. Unsere Ideale können wir nie ganz realisieren, dürfen aber nie aufhören, das immer wieder zu versuchen. Die Realität ist nach Platon nur ein blasser Abklatsch unserer schönen Idole, und damals hatte man noch Ideale. Leider war Plato so reich und verkopft, dass er für die materiellen und sinnlichen Dinge im Leben nicht viel Sinn hatte. Der prüde Puritaner war Erfinder der platonischen Liebe, die nie zur Sache kommt. Andere griechische Philosophen, mit denen wir heute etwas mehr anfangen können, waren die *Epikureer*, die ihre sinnlichen Triebe und ihren Lebenshunger nicht dauernd unterdrücken wollten. Diese Denker waren keine Kostverächter, sondern setzten die Lust gegen Frust und waren stille Genießer ohne schlechtes Gewissen, also Verächter von Magermilchjoghurt.

Ihre Gegenspieler waren die *Stoiker,* harte Burschen, die alle Schicksalsschläge ungerührt einsteckten, ohne mit der Wimper zu zucken. Sie hatten den Ehrgeiz, sich gegen alle Schmerzen immun zu machen, und trainierten so lange, bis es ihnen nichts mehr ausmachte, wenn sie ihr Geld oder ihre Familie loswurden, ihren Job oder ihre Gesundheit.

Diogenes in der Tonne wollte frei sein, indem er frei von Bedürfnissen war. Er war ein frühgriechischer Sandalenguru und grünalternativer Satiriker der ersten Stunde, führte ein einfaches Leben in freier Natur und wünschte sich vom großen Alexander, der ihm einen Wunsch freigab, dass der ihm aus der Sonne gehen sollte. Er hatte die ersten guten Bonmots drauf.

Die Philosophen des christlichen Mittelalters waren nur reaktionäre Theologen. Für Spinoza waren Gottvater und Mutter Natur eins geworden. Wer natürlich lebt und keinen Kunstdünger benutzt, lebt wie ein kleiner Herrgott, und wer die Natur nicht zerstört, der lebt im Einklang mit Mutter Erde.

Descartes dachte : Ich denke, also bin ich . – Denkste. Ich denke, dass dieser Gedanke von bedenklicher Einseitigkeit ist, als hätte der Mensch nicht vor allem Gefühle und Triebe und Stimmungen und Ahnungen. Dieser Erfinder der „Analytischen Geometrie" war entschieden zu kopflastig und hat dieses rationale Denken auf dem Gewissen, das die reine Natur bis heute verschandelt. Mit seiner Höheren Mathematik quält er die Schüler in aller Welt bis heute ebenso wie sein deutscher Zeitgenosse Leibniz, der die Differential- und Integralrechnung erfunden hat. Ohne dieses geistige Werkzeug ist die ganze moderne Naturwissenschaft gar nicht denkbar, also der ganze technisch-industrielle Komplex, der die Umwelt vergewaltigt.

Leibniz hat auch seine Monadenlehre erfunden : Die ganze Welt besteht aus kleinen geistigen Atomen, die er Monaden nennt und die in ewiger Harmonie leben und nicht zu atomspalten sind. Nach Leibniz leben wir in der besten aller denkbaren Welten. Schön wär's ja.

Der größte deutsche Sexualaufklärungsphilosoph war Immanuel Kant aus Königsberg. Er hat gezeigt, dass alles nur Phantasie ist. Der Mensch soll den eigenen Verstand benutzen, obwohl er damit nie die Wahrheit über das *Dingsbums-an-sich* erkennen kann. Als der preußische Dichter Heinrich von Kleist das richtig erkannt hatte, nahm er sich das Leben. Menschliche Sinnlichkeit brauchte Kant nur noch für theoretische Vernunft, aber nicht mehr für die praktische Vernunft. Von Kant stammt auch der ‚Kategorische Imperativ‘, dass jeder seine ehelichen und andere Pflichten freiwillig tun soll, statt den eigenen Trieben sklavisch zu gehorchen. Führte das nicht zum Obrigkeitsstaat?

Hegel war ein preußischer Idealist, der den „Weltgeist" im deutschen „Volksgeist" sah. Dieser Geist regiert die Welt, und Hegels Geschichte geht ihren vernünftigen Gang von der griechischen Demokratie bis zum preußischen Rechtsstaat. Aber das stimmt nicht, und Karl *Marx* hat Hegel vom Kopf auf die

Füße gestellt, d.h. auf den Teppich zurückgeholt. Die wirkliche Geschichte ist gar keine Geistesgeschichte, sondern ein Klassenkampf um die materiellen Dinge.

In der Französischen Revolution haben sich die Bürger von der Feudalherrschaft befreit, und in „Russischer Oktoberrevolution" haben sich die Industriearbeiter dann vom bürgerlichen Kapitalismus befreit. Die Roten müssen die Pfeffersäcke und Schweinepriester enteignen und die ‚klassenlose Gesellschaft' schaffen. Dann werden die Produktionsmittel verstaatlicht und kommen dem ganzen Volk zu gute statt nur einzelnen Ausbeutern und Multis. Der abgeschöpfte „Mehrwert" wird gerecht unter allen verteilt, und niemand soll mehr bekommen als der andere : Solidarität muss vor Ellbogenfreiheit gehen und Gemeinsinn vor Eigennutz. Seit Marx sind die Proleten allerdings ziemlich verbürgerlicht, und sowjetische Planwirtschaft musste durch ökologische Dualwirtschaft ersetzt werden, um die Marktwirtschaft der Unterdrücker zu beseitigen.

Arthur *Schopenhauer* war dann wieder Pessimist und Menschenverächter, der weder von Frauen noch vom Fortschritt sehr viel hielt. Für ihn war alles Scheiße und die Geschichte eine Reihe von Schlachtfesten. Es ist, als hätte er unser Atomzeitalter schon vorweg beschrieben, über ein ganzes Jahrhundert vor Hiroshima und Gorleben. Die deutsche Jugend hat ihn heute wiederentdeckt als Philosoph der Umweltkatastrophen und Apokalypsen. Er ist heute so giga-in wie Nietzsche mit seiner Parole „Gott ist tot".

Friedrich *Nietzsche* wollte den ‚Übermenschen' schaffen, und ‚blonde Bestien' sollten herrschen statt christliche Hinterweltler. Er lehrte den ‚Willen zur Macht' und zur ‚Ewigen Wiederkehr des Gleichen' statt Jüngstes Gericht. Das Gewissen sei eine christliche Erfindung, um die Menschen klein und dumm und hässlich zu halten und sie am Ausleben ihrer natürlichen Triebe zu hindern. Er war ein unfreier Freigeist.

Heidegger war ein alldeutscher Existenzphilosoph aus der Provinz. Hat er ständig vom Sein und vom Nichts gesprochen und von Angst und Sorge geredet und sich dann mit Un(ter)menschen eingelassen, damit man nach Versailles wieder auf die Beine kommt?

Karl *Jaspers* war ein deutscher Existenzphilosoph. „Wohin treibt die Bundesrepublik?", fragte er in den Sechziger Jahren und antwortete : nach rechts. Dabei war er gar kein Linker.

Ernst *Bloch* war ein Materialist, der aus der armen DDR in die reiche Bundesrepublik flüchtete und dann die Studentenbewegung von 1968 antrieb. Sein rotes „Prinzip Hoffnung" auf die Magna Mater des Materialismus und den Sieg des Sozialismus hat er nie aufgegeben, und Studentenführer Dutschke hatte sich auf ihn berufen.

Geist und Geld

Im Mittelalter krochen die Philosophen unter den Rock der Mutter Kirche : Augustinus, Thomas von Aquin, Eckart, Anselm, Nikolaus von Kues etc. … Keine Rentiers und Beamte unter deutschsprachigen Philosophen waren nur Böhme, Leibniz, Maimon, Mendelssohn, Marx, Benjamin und Nietzsche.

Arme Wanderphilosophen, die vom Verkauf ihrer Gedanken auf dem freien Markt lebten, waren die griechischen Sophisten, aus deren Bekämpfung die seriöse Philosophie sich herleitete. Denker, die es materiell nicht nötig hatten, warfen den Sophisten vor, um des Geldes statt um der Wahrheit willen nachzudenken, aber die Philosophie seit Platon war Sophistik des Beamtenadels, während die Sophistik die Philosophie der Unbemittelten gewesen ist. Aus dieser Sophistik entstanden Stoa, Epikureismus, Skeptizismus und Kynismus mit einem signifikant hohen Anteil an proletarisch lebenden Weisheitslehrern.

Die sokratischen Kyniker Antisthenes und Diogenes suchten ihre Freiheit in satirischen Bonmots und in materieller Bedürfnislosigkeit, die Stoiker Epiktet und Kleanthes kamen aus dem niederen Volk und blieben dort. Proletarisch lebten unter antiken Philosophen der Lehrer Plotins, Ammonios, genannt der ‚Sackträger‘, der sich als Gärtnergehilfe durchbrachte, ferner der

Stoiker Kleanthes, ein ehemaliger Berufsboxer, der seinen Lebensunterhalt nachts als Wasserträger und Teigkneter beim Bäcker verdiente, und der freigelassene phrygische Sklave Epiktet, dessen Ausbildung sein Herr bezahlte, auch der von Nero freigelassene Sklave Epaphrodites, außerdem Philosophen wie der Sklave Pompylos des Aristotelesschülers Theophrast, Epikurs Sklave Mys, der Sklave Diagoras des Demokrit, der Sklave Persaios des Stoikers Zeno, die Sklaven Bion, Menippos und Phaidon. – Falls sie schrieben und lehrten, ist außer Epiktets *Encheiridion* fast gar nichts von ihnen überliefert (von Philosophinnen ganz zu schweigen).

In neuerer Zeit taucht der proletarisch lebende Denker erst wieder auf in der deutschen Reformation, im Widerstand gegen neue protestantische Scholastik. Eine mystische Naturphilosophie aus christlichem Geiste vereinte dort Sebastian Franckh und Jakob Böhme. Franckh war erst Priester, dann Pastor, bevor er sein Pfarramt aufgab und als unabhängiger Schriftsteller ein materiell und intellektuell sehr bedrängtes Leben führte, als Übersetzer, Verleger und Seifensieder. Mit 43 Jahren starb er vereinsamt und fast verschollen. Sein Christentum wollte frei bleiben von Kirchen und Sekten, Dogmen und Autoritäten, Bindungen und Parteien, im Widerstand gegen Theologie und Scholastik. Er übersetzte Wissenschaftssatiren des Agrippa von Nettesheim und das „Encomion" des Erasmus von Rotterdam ins Deutsche, schrieb eine Geschichtsbibel und dialektische „Paradoxa" voller Aphorismen.

„Jochen Böhme, der Schuster und verwirrte Enthusiast und Phantast" : Der Bauernsohn Jakob Böhme (1575-1624) wurde wegen seiner eher schwächlichen Konstitution nicht Bauer, sondern Schuster und ernährte seine Familie durch den proletarischen Beruf. Er ist einer der ganz wenigen europäischen Philosophen, der Weib und Kind und einen plebejischen Beruf hatte. Sein mystischer Voluntarismus ist fast so erotisch getönt wie die Willensmetaphysik Schopenhauers, aber im Unterschied zu dem misanthropischen Rentier ist er weder Hagestolz noch Antisemit. Er versteht das Christentum als Lehre von der Menschwerdung des Arbeitstiers, von der Geburt der menschlichen Natur aus dem Geiste Gottes und der Mutter Natur zugleich.

Franckh und Böhme fanden beim Adel mehr Anklang als bei Kirche und Bürgertum. Böhmes Verbindung von Schuster, Familienvater, Christ und Philosoph war einzigartig, von Hegel immerhin (an)erkannt. Er entdeckte den Widerspruchsgeist und das Nein als progressiv treibende Kräfte in der Natur Gottes selbst, als Vertreibung aus dem Paradies des Mutterleibes.

Spinoza führte eine proletarische Existenz als Brillenglasschleifer. Er lebte *vom* Glasschleifen und nicht *für* das Glasschleifen, er lebte *für* die Philosophie und nicht *von* der Philosophie. Böhme und Spinoza starben beide früh, der eine mit 49 Jahren an einer Unterleibskrankheit, der andere mit 44 Jahren wie seine Mutter an (meta)physischer Schwindsucht. Mystische Naturphilosophen waren beide, aber Böhme hielt am

125

biblischen Vatergott fest, während Spinoza Mutter Natur vergötterte, das ethische Denk-mal für seine tote Mutter. Spinozas Optikgeräte waren sehr gefragt.

Salomon Maimon verließ in Polen Weib und Kind, um sich in Berlin aufklären zu lassen. Er ließ sich scheiden und von reichen Glaubensgenossen freihalten, die ihre Hand von ihm zogen, als er sich nicht zum Apotheker ausbilden lassen wollte. Den großen Goethe pumpte er vergeblich an. Ein Adliger lud ihn schließlich zu sich ein auf niederschlesische Güter, wo er freie Kost und Logis hatte, aber keinen gelehrten Umgang, und als Trinker verkümmerte. Zwischen Maimonides und Leibniz vermittelnd, machte er Kants Ding-an-sich zur regulativen Idee seiner potentiell unendlich vielen Aspekte und starb mit 47 Jahren. Er war einer der scharfsinnigsten Philosophen, schlug sich bettelarm durch, war mit 11 Jahren Ehemann und mit 14 Jahren Vater gewesen.

Marx lehnte es ab, seine göttliche Berufung als Philosoph der proletarischen Befreiung einem bürgerlichen Brotberuf zu opfern und ließ dann seine Familie durch seinen Freund Engels ernähren. Seine adlige Frau und der Unternehmer Engels ließen ihn ein typischer Bismarckdeutscher bleiben. Familie Marx lebte in London an der Armutsgrenze, aber Engels griff mit seinen Fabrikeinnahmen immer wieder helfend ein, so dass sich Marx auch geistig nie von seinem kapitalen Brotherrn lösen konnte.

Nietzsche hatte sich mit einer kleinen Rente beurlauben lassen, als er 35 Jahre alt war. Der ehemals fast glänzende Basler Philologieprofessor führte am Ende in Italien beinahe so etwas wie eine freie plebejische Existenz, bevor er in Turin auf offener Straße zusammenbrach und einen Droschkengaul umarmte. Leider schaffte er es nie, von Mutter und Schwester freizukommen, um sich eine eigene Frau zu wählen. Lou Andreas-Salomé versagte sich ihrem eigenen Gatten ganz hysterisch und war sicher nicht die richtige Frau für ihn; vielleicht hätte Cosima ihm helfen können, wenn Wagner nicht Wagner gewesen wäre.

Wittgenstein und Benjamin wurden großbürgerlich geboren und zogen für den größeren Teil ihres Lebens eine freiwillige proletarische Existenz vor. Der eine kam von zu Hause nicht los und verlor doch sein ganzes väterliches Erbe, der andere verschenkte es an seine ohnehin reiche Schwester. Wittgenstein schlug sich als Klostergärtner und Krankenpfleger durch. Benjamin lebte unter drückenden Bedingungen als freier Schriftsteller, der von Adorno und Horkheimer nicht genug unterstützt wurde. Jean-Paul Sartre gab seinen Beamtenstatus als Lehrer auf, um freier Schriftsteller zu sein. Das Bürgertum in aller Welt wusste schon, was es an ihm hatte, und überschüttete ihn mit Geld und Ruhm. Sartre selbst lebte bescheiden und unterstützte notleidende Kollegen großzügig. Den Nobelpreis lehnte er ab, aber als ihm später das Geld für seine „Familie" ausging, ließ er in Stockholm anfragen, ob er die Summe doch noch erhalten könne, die mit dem Preis verbunden war.

Idealistisch oder nur subjektiv?

Kant hatte mit dem Kategorischen Imperativ der praktischen Vernunft das objektive Gesetz Gottes in die menschliche Wahlfreiheit überführt, *Fichte* jedoch die Willensfreiheit als subjektive Willkür von allen natürlichen Fakten emanzipiert und von aller „Stellung des Menschen im Kosmos" abstrahiert, bis sie zerbrach in *Schlegels* unzählige ironische Fragmente, die *Hegel* dann durch sein dialektisches System in das objektive Gesetz Gottes zurückzubinden suchte, ohne die subjektive Freiheit und Selbstgewissheit des Individuums rückgängig zu machen. Lag der Sündenfall schon im Schritt vom transzendentalen Kant zum idealistischen Fichte oder erst im Fortschritt vom subjektivistischen Fichte zum ironistischen Schlegel, der seine individualistischen Bruchstücke doch katholizistisch universalisieren wollte? Fichtes „Tathandlung" war nach Kant die praktische Vernunft menschlicher Autonomie statt Theonomie, aber F. Schlegels philosophisch-poetische Fragmente waren nur noch hypothetische Imperative und ungeneralisierbare Maximen einer ästhetischen Einbildungskraft und teleologischen Urteilskraft.

Schlegels aphoristische „Igel" verstanden sich als endliche Bruchstücke unendlicher Totalität und wollten damit den Anschluss an Fichtes transzendent(al)e Mystik und an Kants „Religion innerhalb der Grenzen der bloßen Vernunft" nicht verlieren, obwohl die

Frühromantiker die kategorische Allgemeingültigkeit
ihrer fragmentierten „Ideen" als Einheit von Gegen-
sätzen im christlichen Katholon suchten. Die ironisti-
sche Selbstaufhebung jedes endlichen Bruchstücks in
die unendliche Bewegung des absoluten Geistes blieb
für Hegel zu selbstmörderisch beschränkt. Die „über-
greifende Subjektivität" der nationalen „Volksgeister"
war zwar universeller als die Willkür des geistreichen
Subjekts für ihn, aber kollektivistisch beschränkter als
Kants universales „Volk Gottes", das Moralität gegen
bloße Legalität absicherte.

Zitate aus Schlegels Werken: „Fragmente als biblische
Philosophie müssen im Centrum der Enzyklopädie
thronen." „Fragmente (Sprüche) sind die eigentliche
Form des biblischen Vortrags." „Ironie steht in der
nächsten Beziehung zu Gott." „Die Religion ist das
revolutionäre Princip im Menschen." „In Hegel ist der
Grundirrtum, das er den Satan mit dem lieben Gott
verwechselt." „Der Geist des Christentums in politi-
scher Hinsicht ist eine allgemeine Opposition gegen
den Staat überhaupt." „Das Christentum hat eine ewige Tendenz. Philosophie zu werden." „Affinität des
Christentums und des Witzes durch Absolute Philosophie." „Nichts ist witziger als ... die Bibel." „Alle
Vereinigung des Heterogenen führt auf Unendliches."

Erst der späte Frühromantiker *Nietzsche* trieb
den relativistischen Subjektivismus sophistischer Satzungen bis zum A(nti)theismus, und das haltgebende
Gegengewicht wanderte von Gottvater zu Mutter Natur. „Als meine Mutter lebe ich noch und werde alt."

Objektive Wahrheit wird nur noch gesucht in naturwissenschaftlich methodischer Intersubjektivität der scientific community, deren Logik *Wittgensteins* protestantische Mystik liefert. Es geht nun um die Frage, wie menschliche Wahlfreiheit das göttliche Grundgesetz „verabschiedet", ob bekämpft oder nur „subjektiviert". Der Schritt vom Fragment des Katholiken Schlegel zur Sentenz des Pastorensohns Nietzsche ist der Weg vom „magischen Idealismus" zum sophistischen Perspektivismus, der das Gesetz Gottes nicht mehr in unsere Hände legt, sondern es brechen will in autonomer Selbstermächtigung. – Nietzsche hat dann weder das biblische Gesetz noch den kategorischen Imperativ guten Willens erfüllt, sondern durch bloßen Machtwillen ersetzt und dem elitären Sklavenstaat das gute Gewissen verschafft. Man will nicht mehr selber, was Gott will, sondern selber Gott sein – ein Übermensch ohne Über-Ich. *Wittgenstein* machte diesen Schritt mit Tolstoi wieder halb rückgängig, indem er seine mystisch-poetische Subjektivität hinter der Objektivität von Logik und Physik in den solipsistischen „Privatsprachen" versteckte. Wenn der Schöpfer samt Schöpfung die Idee des Objektiven (des *Dinges an sich*) schlechthin ist, wird Subjektivismus tendenziell A(nti)theismus, wo er das objektive Gesetz nicht zur Sache von jedermanns freier Intersubjektivität macht, sondern durch allzu menschliche Satzungen ersetzt.

Weltauge, sei wachsam!

Schopenhauer zog sich nicht nur als „reines Weltauge" zurück von der Welt, sondern auch von jenen Trieben, die den Weltbetrieb mitmachen wollen. Also entfremdete er sich dem Welttreiben nicht weniger als seiner eigenen Triebwelt, die dort mitmischen möchte.

Aber das reine Weltauge, das alles sieht, ohne sich selbst zu sehen bei der Sicht auf die Welt, ist für ihn ebenso weltlos wie gleichzeitig im Gehirn lokalisiert, dem höchsten Entwicklungsorgan des wilden Weltwillens selber. – Die menschliche Subjektivität verwirkliche sich in reiner Objektivität ihrer Erkenntnisse, und die in Kausalität, Raum und Zeit vorstellbaren Objekte bedeuten umgekehrt eine bloß objektivierte Subjektivität des Lebenswillens in allem. Der Neophänomenologe Hermann Schmitz wirft in seiner „Selbstdarstellung als Philosophie. Metamorphosen der entfremdeten Subjektivität" (Bonn 1995) diesem *Unheilspropheten* ganz zu Unrecht vor, „thematisch zentrierte Gefühle" mit aktiven Strebungen zu verwechseln.

Aber Schopenhauer wollte gar nicht dem Intellekt die Affekte kontrastieren, sondern das denkbare Wissen dem fühlbaren Willen. Er redete nicht primär von Betroffenheiten, sondern von Trieben, also

131

wie Freud von vereitelten Triebbefriedigungen und
nicht von (dennoch möglichen) Zufriedenheitsgefüh-
len. Schmitz hingegen sieht in Trieben, die ihn philosophisch nur wenig beschäftigen, bloß spezifische
Programme von emotionalen Heimsuchungen, statt
umgekehrt wie Freud und Schopenhauer in Gefühlen
die persönliche Art, in der Trieb(konflikt)e und deren
Realitätsenttäuschungen erlebt werden.

Schopenhauer stattete seine vorgestellten Objekte mit unbewusster Willenssubjektivität aus und die
menschlichen Subjekte umgekehrt mit dem rettenden
Streben nach reiner Objektivität. Der subjektive Wille
wird auf die äußere Natur projiziert und umgekehrt
die objektive Naturwissenschaft zum innersten Sub-
jektivitätskern erhoben. Objekte *wollen* immer subjektiver, Subjekte *wissen* immer objektiver – weder
ganz vorgegeben noch ganz selbst erfunden.

Platonische Liebe zu Ideen

„Intuitionistischer Konstruktivismus" muss zumindest die „ideale Existenz" von Mengen voraussetzen, und der phänomenologische Platonismus umgekehrt muss, wo es um Objekte der mathematischen Logik geht, seine geschauten Wesenheiten ebenfalls *konstruieren.*

Auch ideale Objekte können somit „unerschöpfliche Gegenstände" sein. Man kann sich herankonstruieren an reine kategoriale *Formen an sich*, die eine *„dritte Welt"* (Popper) ewiger platonischer Ideen bilden neben Quines Individuen und Klassen von Individuen. Es ist ja eine Metalogik denkbar, die Konstruktivismus und Universalienrealismus komplementär so verknüpft, daß *Sätze an sich* rational rekonstruierbar werden, auch wenn ihre Referenzräume nur denkmögliche (oder interpretierbare) Welten jenseits der mathematisierten Physik bilden, und die Konstrukteure immer schon unkonstruierbare Ideen voraussetzen müssen. Die Riemannsche Geometrie war ja mathematisch entwickelt worden, lange bevor Einstein sie als effiziente Beschreibung realer Weltraummodelle nutzen konnte. Die formale Log(ist)ik leistet etwas sehr Ähnliches.

Seit Kant wissen wir, dass synthetische Urteile auch a priori gelten können, seit Saul Kripke glauben wir, dass analytische Urteile auch a posteriori sein können. Es mag Logiken geben, an die bisher noch niemand gedacht hat und die vielleicht noch interpretiert werden können in Bezug auf mögliche Welten. Der Konstruktivismus erkennt wie Kant kein Aktualunendliches an, sondern nur potentiellen progressus in infinitum. Aber die *aktual-*„unendlichfache Unentschiedenheit hinsichtlich Identität und Verschiedenheit" in der „chaotischen Mannigfaltigkeit" des Kontinuums bietet bei Hermann Schmitz die Möglichkeit, die Unerschöpflichkeit auch jedes Idealobjekts durch „potential-unendliche" Konstruktionen auszuschöpfen in immer neuen Explikationsschritten.

Es ist unbestimmt, *dass* die platonische Idee unbestimmt ist, wo sie immer neu bestimmt wird. Die schlagende Evidenz idealer Fakten (zweiter Stufe) entstammt hier keiner untrüglichen Gefühlsautorität, sondern einem untrüglichen Begründungsverfahren. Was weder eindeutig beweisbar noch widerlegbar ist, ist bei Brouwer weder wahr noch nicht wahr, sondern ähnlich unentschieden wie das *chaotische Verhältnis* bei Hermann Schmitz.

Manfred Frank („Auswege aus dem Deutschen Idealismus", Frankfurt/M. 2007) und Hermann Schmitz („Die entfremdete Subjektivität", Bonn 1992) verstehen die frühromantische Philosophie von Fr. Schlegel und Novalis auf diametral unterschiedliche Weise. Wo Schmitz die Frühromantiker als radikalisierende Fichteaner sieht, erkennt Frank auf ihren Bruch mit den subjektiven Idealisten. Wo Schmitz nur eine allen Objekten „entfremdete Subjektivität" ausmachen kann, registriert Frank gerade im Gegenteil den Vorrang des in allen unerschöpflichen Fragmenten „unerschöpflichen Gegenstandes" und eines „unvordenklichen Seyns" (Schelling, Hölderlin).

Herm. Schmitz kann besser die romantische Befreiung individueller Einbildungskraft *von* jedem beliebigen und *für* jedes beliebige Objekt erklären, Frank erklärt befriedigender den Fragmentcharakter der „progressiven Universalpoesie". Ganz anders als Schmitz sieht Frank das den unerschöpflichen Objekten entfremdete Subjekt nur beim Systematiker Fichte, aber gerade nicht bei den essentiellen Aphoristikern Schlegel und Novalis. Die „romantische Ironie" aus witzigen Teilsynthesen und allegorischen Totalitätsanspielungen relativiere eine jede fragmentierte Pointe durch jede andere, ohne das Absolute jedes Objekts je ganz auszuschöpfen, aber immer neu anzuzielen.

Jedes objektiv „Aktualunendliche" werde da potentialunendlich umspielt durch die Art, wie jede Teilsynthese das große Ganze zugleich pointiert beanspruche und verfehle, als bloß mikrokosmisches Symbolbild des Absoluten, um immer neuen Bruchstücken Platz zu machen, die sich gegenseitig hervorrufen und aufheben. Ein Endliches könne das Unendliche am Ende nur allegorisch andeuten und nicht erschöpfend ausdrücken. Das Unendliche zeige sich im Endlichen nur durch die stilistische Art, wie das Endliche sich selbst immer wieder ironisch erhebe und zugleich aufhebe. Die Art, wie Frank und Schmitz in der Beurteilung der Frühromantiker differieren, wiederholt sich in ihren Deutungen Wittgensteins.

Von den überzeitlichen platonischen Ideen ging der Denkweg über deren cartesianische Subjektivierung (zu bloßen Vorstellungen von Außenweltdingen) und über den Rationalismus von Leibniz (*calculus ratiocinator*, Lullische *ars magna, characteristica universalis*) bis zum deutschen Idealismus der regulativen Vollständigkeitspostulate. Danach richtete ein Schopenhauer sein reines willenloses „Weltauge" auf weltenthobene Ideen, bevor Husserl um 1900 jede logische Geltung von ihrer psychologischen Genese abhob und einen transzendentalen Platonismus der phänomenologischen „*Wesensschau*" etablierte.

Gottlob Frege transzendentalisierte nicht mehr logische Urteilsformen zu „kategorialen Gegenstandsformen", sondern machte den Weg frei zu „Principia mathematica" (1912) von Russell und Whitehead, hin zu Wittgensteins „Tractatus" (1922), bis „Der logische Aufbau der Welt" (1928) von Rudolf Carnap und „Word and Objekt" (1960) seines Schülers Willard Van Quine diese heroische Gründungsphase zu einem vorläufigen Ende brachten. Wittgenstein war der einzige Logiker unter den Frühromantikern und der einzige Frühromantiker unter den Logikern, eine Art von Synthese aus Frege und Novalis. – Objektive Urteile über Fakten seien nur in der mathematischen Naturwissenschaft erreichbar, alles Übrige sei bloße Sache subjektiver Poesien und unkommunizierbarer Privatsprachen. Das Ganze und das Unbedingte sei in keinem objektiven Urteil abzubilden, sondern *zeige sich* nur indirekt in der Art, wie es von jeder Aussageform angezielt und verfehlt werde, in der Art, wie über die Sprache der Physik vergeblich metaphys(ikal)isch zu sprechen versucht werde.

Über alles könne man intersubjektiv objektiv sprechen, nur nicht über das sprechende Subjekt und seine Sprache selbst. Wittgenstein spricht über Gott und die Welt und die Seele, weil sie keine naturwissenschaftlichen Objekte sind, nur indirekt, durch die individuelle Art, in der er über „objektive Fakten" spricht. Metaphysische Ideen sind keine physikalischen Objekte, sondern nur metaphorisch anspielbar. Das Subjekt offenbare sich lediglich indirekt durch die Art, wie es sich beredt verschweigen müsse, um hinter seinen objektivistischen Logikkalkülen und Physiktheorien zugleich diskret und demonstrativ zu verschwinden. In unabschließbar vielen und unauslotbaren Fragmenten werden weder nur das Heilige noch das Subjekt oder alle Objekte seiner Welt expliziert, sondern das absolute Ganze aus allen dreien. Philosophische Begrifflichkeit und literarische Rhetorik gehen dafür wie bei den Frühromantikern auch bei Wittgenstein eine enge Verbindung ein. Gegen Wittgenstein wendet Schmitz ein, dass jedes Subjekt auch fähig sein müsse, über subjektive Fakten zu kommunizieren, ohne sie zu objektivieren.

War also die Frühromantik mit Schmitz ein subjektivistischer Konstruktivismus à la Fichte oder mit Frank ein hypothetischer Realismus unauflösbarer

Ideen an sich? Vielleicht ließen sich beide Deutungsmuster verbinden und die *„entfremdete Subjektivität"* (H. Schmitz) der frühromantischen Ironie stünde im Dienst von immer neuen witzigen Teilsynthesen, die das undarstellbare Ganze (jeder Einzelheit und aller Einzelheiten zusammen) wenigstens in allegorischen Bildern andeutend und unzureichend umspielen.

Wenn wir gegen *Quines* Intention die enge Bindung von formaler Logik und mathematischer Physik etwas lockern, wird die Entwicklung alternativer Logiken und ihrer möglichen Interpretation durch mögliche Welten frei. Logikkalküle, die noch nicht oder überhaupt nicht sinnvoll interpretierbar sind, könnten auf Vorrat ausgearbeitet werden, auch wenn sich keine empirischen Modelle finden ließen. Und Mathematiker sind nicht unzufrieden, wenn sich möglichst große Teile ihrer Theorien zusätzlich als konstruktivistisch beweisbar erweisen sollten, soweit die reale Stellung des Subjekts zu den Idealobjekten sich eben logisch ausdrücklich (oder nur literarisch indirekt wie bei Wittgenstein) thematisieren ließe. Eine platonische Akademie des 21. Jahrhunderts könnte *Glasperlenspiele* (Hermann Hesse, 1943) noch uninterpretierter Logikkalküle anregen und fördern – samt ihrer frühromantisch potenzierten Selbstreflexionen. Novalis schrieb : „Echte Mathematik ist das eigentliche Element des Magiers." „Aller Genuss ist musikalisch, also mathematisch."

„Höheres Leben ist Mathematik."

Animal rationale: Der Mensch ist jenes Lebewesen, das sich nach den Formen seines Denkens selber formt und nach Denkgesetzen selber setzt. Er bringt sich in Form – durch Urteile und Schlüsse, die Subjekt und Prädikat, Substanz und Akzidenz, Einzelwesen und Wesenheit beurteilen und wieder zusammenschließen zum Begriff von der Sache selbst. Jedes Individuum ist erst einmal ein wirrer Simpel, der sich mit Hilfe seiner Komplexe aus dem unterkomplexen Rohzustand herausdifferenziert, um differenzierten Sachverhalten seiner Umwelt gerecht zu werden und sich dann durch Abstraktion-von-allem wieder in seine einzelne Einheit zusammenschließt. Im Idealen suchen wir durch komplexe Analoga dem gerecht zu werden, was uns im Realen als verworren verwirrt. Wer sukzessive oder in einem Schlag von allem abstrahiert, sieht sich selbst als allgemeinsten Begriff von allen Dingen, als deren einzige Punktualeinheit : *anima est quodammodo omnia* (Aristoteles). Der Mensch ist der Inhalt, der in Form gebracht wird, wenn er nicht selber Form annimmt, die Form von Urteilen annimmt, unter deren Formeln er sich subsumiert. Er formt sich nach dem logischen Bilde möglicher Tatsachen, die seine Welt bilden, und füllt die logischen Urteilsformen mit dem konkreten Material seines Lebens.

Formale Logik stellt die Formen der Gedanken bereit, die den Sinn der Sätze spiegeln. Man bringt sich in Sicherheit vorm Toben der Geschichte, vor dem Fließen der Zeit in zeitlosen Geisteskristallen. Die logische Ekstase führt auf platonische Ideen.

Die existenzphilosophische Terminologie kann dabei partiell hilfreich sein: Der Mensch transzendiert sich selbst, aber nicht in die Zukunft hinein, sondern zu den Ideen hinauf. Der Sinn des Lebens besteht darin, sich selbst ins Übersinnliche zu überschreiten, das Zeitliche übersteigt sich ins Zeitlose, ich existiere mir selbst voraus nur insofern, als ich versuche, künftig über mich hinaus zu gehen : Morgen werde ich tiefer denken als gestern und auf mich herabsehen. Ich bin mir voraus, indem ich mich übersteige in logische Form, die sich *instantiiert* durch wechselnde *tokens*, das ewige Urbild durch flüchtige Abbilder : Das Wörterbuch wechselt mit jeder Wissenschaft, die Grammatik bleibt in jeder Wissenschaft. Reine Aussageformen, Anschauungs-, Denk- und Gegenstandsformen. Formale Logik wahrt die Form, wenn auch alles übrige wankt und vergeht. Und laut Quine ist Sein nur der „Wert einer Variablen". Reine allgemeine Form bedeutet Freiheit *von* allem und *zu* allem konkreten Inhalt; der Komplexitätsgrad der Formelkonstellationen geht den spezifischen Differenzen des Empirischen bis ins Infinitesimale nach. Nirgendwo sonst ist solcher menschenmöglichste Grad an exakter Gewissheit und sicherer Präzision erreichbar. Meine Weisheit erweist sich als die von Beweisen, ich beschließe, nicht mehr wert zu sein als die Schlüsse, die ich ziehe, und die Ideen, die ich zu denken und zu entwickeln vermag und deren Wert auf mich abstrahlt und übergeht.

Nathalie Sarraute lebt

In Deutschland ist sie ziemlich unbekannt geblieben, trotz aller Übersetzungen. Sie erzählt keine Geschichten mehr, sondern schreibt „Anti-Romane". Nach dem tendenzwendigen Scheitern sozialreformatorischer Hoffnungen gab es einen Rückzug auf die „Neue Innerlichkeit". Tot scheinen vorerst littérature engagée wie l'art-pour-l'art, sowohl der linke Agitprop-Roman als auch die Sprache, die sich aus lauter Weltangst oder Weltverlust zu ihrem eigenen bevorzugten Gegenstand macht, aber auch dazwischen der streng dokumentarische Realismus. Wenn nun jüngeren Autoren in ihren seelischen Privatissima noch viel larmoyante Trivialität und Beliebigkeit unterläuft, hat *Nathalie Sarraute* den lange unzeitgemäßen psychologischen Realismus bereits bis zur Vollkommenheit entwickelt, bevor die „Neue Sensibilität" gefordert wurde von ihren Analphabeten. Ihr böser Blick auf die rationalisierenden Klischees im Alltagsbewusstsein der Bildungsbürger ist so schneidend kalt wie bei ihren größten männlichen Konkurrenten, aber er reicht in unterirdische Bewusstseinszonen, die kein Romancier neben ihr bisher beleuchtet hat. Von den jüngeren Autoren, die im Innenleben eben ein letztes tröstliches Refugium an Selbstgewissheit suchen, unterscheidet sie der böse Skalpellblick, der in den schönen Seelen eher Morast als Natürlichkeit entdeckt. Und doch steckt in ihrer sarkastischen Härte des Entlarvens,

Zersetzens, Bloßstellens und pathetischen Verdächtigens mehr Wärmetrost als bei der geschäftsmäßigen Güte alerter Literaturhumanisten oder menschelnder Solidaritätsduselei.

N. Sarraute hat eine literarische Spezialtechnik entwickelt, die Futilität unscheinbarster innerer Handlungen einzufangen, die selbst von der Psychoanalyse noch kaum begrifflich eingeholt und uns doch irgendwie befremdend vertraut sind. Sie endet nicht wie die Jünger Freuds bei Musterkatalogen fix und fertiger Letztmotive, sondern das Beste an ihrem unvergleichlichen Stil ist dieses vorsichtige Tasten und Umkreisen, Anformulieren und sich immer wieder neu durchstreichende Verbalisieren dieser innersten amöbenhaften Mikrobewegungen in uns. Die Sprache versucht sich da selbst in statu nascendi zu ertappen, um ihren subtilen Gegenstand nicht zu paralysieren und zu töten, sondern seiner quecksilbrigen Lebendigkeit geschmeidig zu folgen. Die Sarraute kommt mit einem Minimum an realen Auslösern aus, an denen sich die krebsartig wuchernde, hysterisch überdeterminierende Sprache entzündet, der Riesenaufwand phantasmagorischer Intuitionen, sobald das unmittelbare Selbst- und Weltvertrauen nicht länger durch die Konsensussignale der Gemeinplätze abrufbar ist. Aber sie endete nicht bei masturbierenden Wörtern, bei der formalistischen Sprachverabsolutierung und der überaus struktualistischen Kälte vieler ihrer Schriftstellerkollegen. Hier feiert nicht die Sprache sich selbst, wie Wittgenstein warnte. Sie zielt nur auf Sujets, auf deren Erfassung sie eigentlich gar nicht vorbereitet ist, geheimste Mikrodramen unterhalb der kommunikativen und expressiven Oberfläche unserer Rede. Empörend ist dieses Unterfangen, weil es uns prinzipiell unterstellt, wir meinten eigentlich stets etwas anderes als das, was wir absichtlich sagen. Und das nicht deshalb, weil wir lögen oder verdrängten, sondern hinter unserem offiziösen Diskurs entdeckt Frau Sarraute, eine ehemalige Strafverteidigerin, eine unterirdische *sous-conversation*, dieses prä-dialogische Murmeln eines phantastischen seelischen Rohstoffs als wahren Täter unserer Taten und konventioneller Absichtserklärungen. Das kränkt unsere Eitelkeit, die sich Herr im Haus des eigenen Mundes wähnt, beleidigt dann aber auch die allzu Schicksalsgläubigen, da die Sarraute keinen Zweifel daran lässt, dass wir es selbst sind, die da hinter unseren eigenen paranoiden Worten und Gedanken anders sprechen, fühlen und planen, als wir uns glauben machen wollen.

1948 schrieb Sarraute ihren ersten Roman, der zugleich der erste später so genannte *nouveau roman* war: "Porträt eines Unbekannten". Jahrelang suchte sie für das Manuskript vergeblich einen Verleger, bis Jean-Paul Sartre auf sie aufmerksam wurde und ein berühmt gewordenes Vorwort schrieb. Dreißig Jahre später legte die 75-Jährige ihren siebenten, nun schon vieux nouveau roman vor : "sagen die Dummköpfe". Es wurde auch ein Buch über ihren Entdecker Jean-Paul Sartre, obwohl man das nicht wissen muss, um es lesen zu können. Es handelt vom komplexen Verhältnis zwischen Ideen, ihren Schöpfern und deren Konsumenten. Wie immer bei der Sarraute spielt auch

dieser Roman unter Bildungsbürgern und nicht unter
Arbeitern. Es geht um das Entstehen und die Dynamik
sozialer Hierarchien unter Intellektuellen, von denen
ja per definitionem niemand zu den Dummköpfen
zählen will. – Spielregel : Irgendjemand äußert eine
Meinung, Ansicht, Überzeugung. Um ihn fertigzuma-
chen, genügt es nachzuweisen, was er, der die Intelligenz selbst ist, dazu gesagt hat oder sagen würde : "So
reden die Schwachköpfe". Obwohl der Name nie genannt wird, ist klar, wer Er ist : Sartre, die letzte Instanz, die in dem Maße alles beurteilen kann, in dem
sie von niemandem mehr beurteilt werden kann, weil
jeder ihn freiwillig zur obersten Autorität erhoben hat,
zum Urmetermaß der Intelligenz, und nicht etwa kraft
Argumentation, sondern durch einen sozialen Akt, der
es überhaupt erst erlaubt, eine intellektuelle Gruppe zu
strukturieren, nach Klugen und Dummen, nach Oben
und Unten. In diesem unterschwelligen Machtkampf
ist die Idee kein Mittel der Wahrheitsfindung mehr,
sondern eine Waffe zur sozialen Selbstbehauptung
und Notwehr, zur Integration und Selektion, ein
„Kulturkapital" *(Pierre Bourdieu)*. Die Idee und die
Sache selbst lösen sich ganz auf dabei, und Madame
Sarraute kann darauf verzichten zu sagen, um welche
Ideen es sich da überhaupt handelt, deren Prestigewert
allein wichtig ist. Wie im Reagenzglas wird beobachtet, was die Idee unter den Beteiligten anrichtet samt
der Angst, von ihr ausgeschlossen zu sein – eben als
Dummkopf. Sie ist nur ein Katalysator, ein Vorwand,
der das ganze komplexe Spiel der paranoiden Projektionen, Rejektionen, Inthronisationen, Initiationsritua-
le und Rangzuschreibungen in Bewegung setzt. Dieser

Katalysator war in ihren früheren Romanen ein Buch ("Die goldenen Früchte", 1963, "Zwischen Leben und Tod", 1968) oder eine Skulptur ("Hören Sie das?", 1972), ein Gemälde ("Porträt eines Unbekannten"), ein erfolgreicher Bürger ("Martereau", 1953) oder nur ein schweigsamer junger Mann (in dem Hörspiel "Le silence" von 1965).

Dieses soziale Mikrodrama spielt sich ab vor einem allgemeineren, das Sartre selbst in seinem Hauptwerk „Das Sein und das Nichts" (1943) beschrieben hat und vielleicht doch jene Idee enthält, die in diesem Roman die Protagonisten beherrscht und verhext : Jeder für sich allein ist ein grenzenloses Universum von Allmacht und Allwissenheit, ein narzisstisches Monstrum. Sobald an meinem Horizont der andere auftaucht, der für sich selbst ein eben solches unbeschränktes All ist, schrumpft mein Universum unter seinem Blick rasch zusammen zu einem kleinen Bestandteil seiner Welt. Wie sein Universum unter meinem Blick zu einem winzigen wertlosen Teil meines Alls werden kann. Ich bin das, was der andere in mir zu sehen beliebt. So kann ich unter Intellektuellen ständig selbst zum Dummkopf werden. Im Kampf gegen diese Gefahr kann ich mich z. B. unter den Schutz von Ihm stellen, der jeweils die paradigmatische Intelligenz selbst ist für meine In-group.

Nur bin ich dann kein Individuum mehr, sondern Knotenpunkt von Kraftlinien, die in diesem Fall von der fetischisierten Autorität nicht der Idee ausgeht, sondern ihrer Schöpfer und Verwalter. Mein

Kurswert in den Augen jener, für die ich etwas zählen will, ist dann meine Stellung zu Ihm, der Verkörperung seiner Idee, die ohne Ihn gar nicht lebensfähig wäre und ohne unseren freiwilligen Entschluss, sie zum Maßstab unserer Sozialisationen zu machen. Das Besondere an diesem Roman ist aber nicht diese Idee, was Ideen aus uns machen, sondern die literarische Technik, mit der sie einfängt, wie ich durch die soziale Autorität der Ideen hindurch derjenige werde, durch den hindurch, durch dessen Willfährigkeit hindurch die Idee erst ihre Autorität gewinnt – auch gegen mich. Aber diese Gedanken sind wie gesagt nur Vorwände, um von etwas zu sprechen, worüber bisher noch nie gesprochen wurde, nämlich über den Ort, an dem unsere Vorstellungen, Gefühle und Aktionen erst entstehen. Die Sarraute hört stets das Gras wachsen, sie sieht überall Gespenster, sie spürt unsere Leidenschaften dort auf, wo sie aus einer Untiefe auftauchen, für die sie eine einzigartige Tageslichtsprache erfunden hat, dort, wo wir noch nichts an der Realität überprüfen können und wo das herrscht, was Freud die Logik der Primärprozesse nannte. Freud fand Worte für sie, die Sarraute findet Worte dafür, wie sie ihre Worte finden, d.h. im Tageslicht zu überleben suchen. Wer sich für inneres Neuland interessiert, sollte das Buch lesen. Es ist revolutionär, weil es wirklich Neues bringt, d. h. an das Älteste erinnert, das über dem Alten vergessen wurde, welches uns allen mit Recht zum Hals heraushängen dürfte – oder sollte.

Weiterführendes vom Autor

"Objektivität durch Subjektivität oder umgekehrt?"
*Phänomenologischer Entwurf
einer dekonstruierten Erkenntnistheorie*
ISBN 3-89811-157-1   *164 Seiten*

Diese Arbeit versucht, die klassische Disziplin der Erkenntnistheorie, welche heute in Wissenschaftstheorien aufzugehen droht, wiederzubeleben durch Rückgriffe auf psychoanalytische Befunde und auf aphoristische "Gnome" (griechisch "Erkenntnis") – die den philosophischen Mainstream unterirdisch begleiten – am phänomenologischen Leitfaden von Sartre, Heidegger und Conrad-Martius.
Das Unbewußte gilt seit Freud als *missing link* zwischen Leib und Seele. Die Erkenntnisbedingungen und -widerstände kommen nicht nur aus Verstand oder Gegenstand, sondern auch aus leiblich fundierten Triebkonstellationen.
Daß die Erkenntnis- und Selbsterkenntnisleistungen des menschlichen Bewußtseins hinterrücks oft mitbestimmt – oder systematisch verzerrt – werden durch abgewehrte Anteile der Subjektivität, wäre für die philosophischen Erkenntnistheorien endlich fruchtbar zu machen, und die Aphoristiker waren immer auch de(kon)struierende Ur-Analytiker des Unbewußten hinter rationalisierenden Bewußtseinsfassaden.

"Nur in der Fremde fühle ich Fernweh" oder :
„Die grüne Bank am Deich"   *(Idyllischer Roman)*
ISBN 3-89811-378-7   *302 Seiten*

Zwischen Gedenken und Gedanken. Ein alter und ein
junger Mann sprechen über Gott und die Welt und die
Seele, auch über Adalbert Stifter. Und sie erinnern sich
an ein Leben in Bibliotheken und im Buch der Natur, nicht
in Staat und Gesellschaft. Eines Tages kommt eine junge
Frau dazu, das ist fast alles. – "Von Verwicklungen und
Lösungen, von Herzenskonflikten und Konflikten überhaupt, von Spannungen und Überraschungen findet sich
nichts" in diesem ruhigen Roman, der das Idyll rehabilitieren will, die heute verrufenste aller Gattungen. Das ist die
sozialkritische Provokation, ein noch unzeitgemäßes Plädo-
yer für Studierstubenhocker in kontemplativsten Elfenbein-
türmen, nicht für komische Käuze im hektischen Koma.

„Martin Heidegger –
Versuch einer Psychoanalyse seines *Seyns"*,   1993

„Objektivität durch Subjektivität oder umgekehrt?
*Phänomenologischer Entwurf
einer dekonstruierten Erkenntnistheorie"*,   1999

„Künste und Wissenschaften
als verlorene Paradiese – *Essays zur Bedeutung
der Kultur-Idyllen"*,   2000

„Der Mensch ist, was er verg-isst /
Kosmostheorie oder Gemeinschaftspraxis",   2007

„Philosophische Formelsammlung : *Ambivalente
Gedankenexperimente und nachsokratische Fragmente"*, Würzburg   2012

„Die Liebhaber der Sophie – *Philosophiegeschichte in Philosophengeschichten"*,   2013

„Aphorismen zur Zeitaltersweisheit –
Kopfverdreher. Kopfzerbrecher ",   2014

„Ist *Philosophical Correctness*
eine Kommunikationswissenschaft? –
Versuch über moderne Versuchungen",   2015

„Zur Dialektik und Phänomenologie
der Natur- und Kultur-Idyllen",   2015

„Esprit und Geisteswissenschaften –
*Wechselwirkungen zwischen Kunst, Philosophie
und Psychologie*“, 2016

„Mit einem Satz ins Freie – *Reflexionen,
Urteile und Sentenzen*“, 2. Auflage, 2016

„Zwergrätsel, Satiren und Zwickmühlen –
Auswahl von Aphorismen“, 2017

„Wenn die Seele auf den Geist geht –
Chronik der unbewussten Weltbilder“, 2018

„Aphorismen, Bonmots und Reflexionen –
Neue Auswahl aus mehreren Bänden, 2019

„Originell sein heißt, Vergessenes plagiieren –
Philosophische Essays“, 2019

„Angeln beruhigt – weder Fische noch Würmer“,
Erzählungen, 2019

„Wer sich selber kennt, wird nichts mehr –
Hohes Alter hat jedes Alter zugleich“,
Essays, 2019